마법천자문
과학 퀴즈북
이울북 초등교육연구소 지음
5
지구와 우주

이 책의 구성

지구와 우주에 관련된 〈지구〉, 〈돌과 흙〉, 〈날씨와 계절〉, 〈우주〉의 4개 라운드로 구성되어 있습니다.

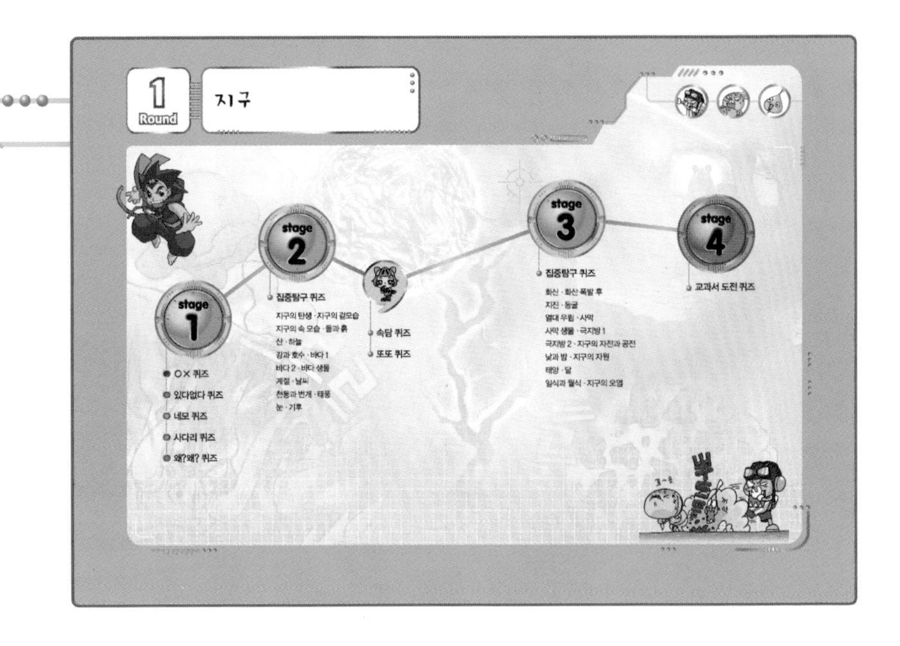

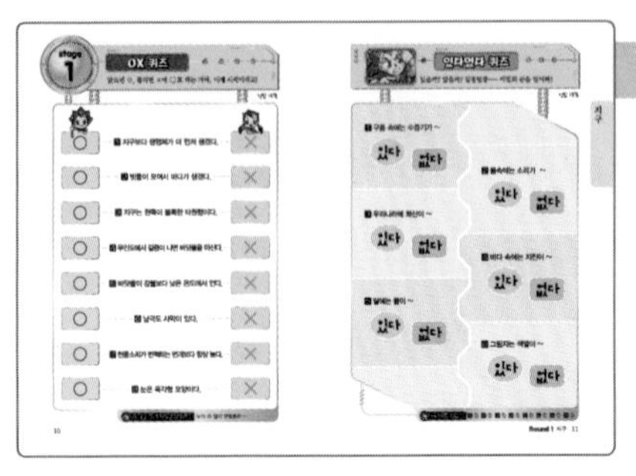

Stage 1

OX 퀴즈, 있다없다 퀴즈, 네모 퀴즈, 사다리 퀴즈, 왜?왜? 퀴즈 등 다양한 퀴즈로 주제에 대한 흥미를 유발하는 단계입니다.

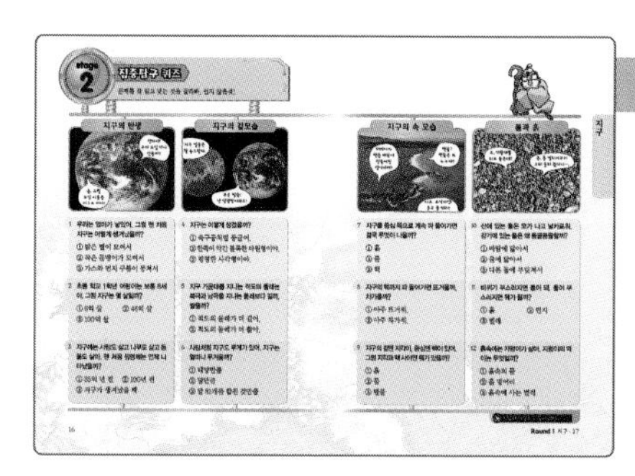

Stage 2

각 주제에서 꼭 알아야 내용 48가지를 퀴즈를 통해 재미있게 알아가는 단계입니다.

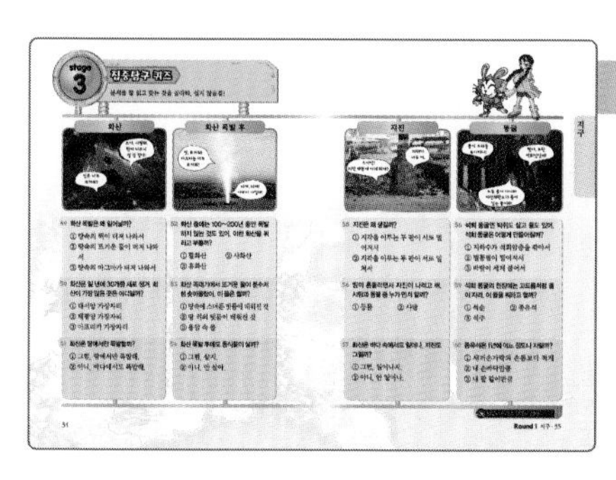

Stage 3

각 주제에서 꼭 알아야 내용 48가지를 퀴즈를 통해 재미있게 알아가는 단계입니다.

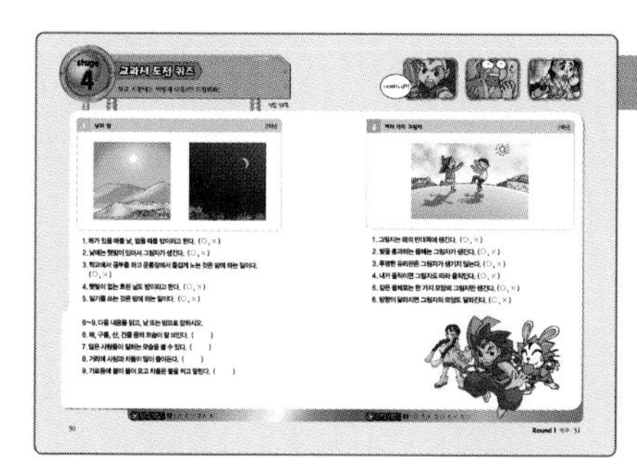

Stage 4

각 주제에 대한 교과서 내용을 간단한 O× 퀴즈, 네모 퀴즈 등으로 풀어보는 단계입니다.

차례

Round 1 - 지구

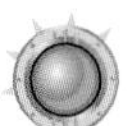

Round 2- 돌과 흙

stage 1

stage 2

집중탐구 퀴즈

쉬어가기

stage 3

집중탐구 퀴즈

stage 4

차례

Round 3- 날씨와 계절

Round 4- 우주

stage 1

stage 2

집중탐구 퀴즈

쉬어가기

stage 3

집중탐구 퀴즈

stage 4

1
Round

지구

stage 1

- O× 퀴즈
- 있다없다 퀴즈
- 네모 퀴즈
- 사다리 퀴즈
- 왜?왜? 퀴즈

stage 2

- 집중탐구 퀴즈

지구의 탄생 · 지구의 겉모습
지구의 속 모습 · 돌과 흙
산 · 하늘
강과 호수 · 바다 1
바다 2 · 바다 생물
계절 · 날씨
천둥과 번개 · 태풍
눈 · 기후

- 속담 퀴즈
- 또또 퀴즈

stage 3

집중탐구 퀴즈

화산 · 화산 폭발 후
지진 · 동굴
열대 우림 · 사막
사막 생물 · 극지방 1
극지방 2 · 지구의 자전과 공전
낮과 밤 · 지구의 자원
태양 · 달
일식과 월식 · 지구의 오염

교과서 도전 퀴즈

OX 퀴즈

맞으면 ○, 틀리면 ×에 ○표 하는 거야. 이제 시작이라고!

정답 12쪽

O	문제	X
○	1 지구보다 생명체가 더 먼저 생겼다.	×
○	2 빗물이 모여서 바다가 생겼다.	×
○	3 지구는 한쪽이 볼록한 타원형이다.	×
○	4 무인도에서 갈증이 나면 바닷물을 마신다.	×
○	5 바닷물이 강물보다 낮은 온도에서 언다.	×
○	6 남극도 사막이 있다.	×
○	7 천둥소리가 번쩍하는 번개보다 항상 늦다.	×
○	8 눈은 육각형 모양이다.	×

각 쪽을 잘 보고, 답을 맞춰봐. 누가 더 많이 맞췄을까……

있다없다 퀴즈

있을까? 없을까? 알쏭달쏭~~ 비밀의 문을 열어봐!

정답 13쪽

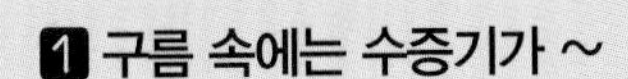

1 구름 속에는 수증기가 ~

있다 없다

2 물속에는 소리가 ~

있다 없다

3 우리나라에 화산이 ~

있다 없다

4 바다 속에는 지진이 ~

있다 없다

5 달에는 물이 ~

있다 없다

6 그림자는 색깔이 ~

있다 없다

14-15쪽 정답 1② 2② 3① 4① 5② 6② 7② 8②

네모 퀴즈

네모 안에 들어갈 말은 뭘까? 답은 둘중 하나!

정답 14쪽

1 모래가 실려 와 삼각형 모양으로 생긴 땅을 ☐라고 한다. …… 하구 / 삼각주

2 바닷길이 열리는 것은 바닷물이 밀려나가는 ☐ 때문이다. …… 밀물 / 썰물

3 지구가 태양 주위를 ☐하기 때문에 사계절이 생긴다. …… 자전 / 공전

4 지구는 스스로 빛을 내지 못하는 ☐이다. …… 행성 / 별

5 산호는 ☐이다. …… 식물 / 동물

6 낮과 밤이 생기는 것은 지구가 ☐하기 때문이다. …… 자전 / 공전

7 바람은 ☐의 움직임이다. …… 공기 / 구름

8 해가 높이 뜨면 그림자의 길이는 ☐. …… 길어진다 / 짧아진다

10쪽 정답 1 × 2 ○ 3 ○ 4 × 5 ○ 6 ○ 7 ○ 8 ○

사다리 퀴즈

알쏭달쏭 수수께끼! 사다리를 타면 답이 나와.

정답 15쪽

지구

1 밤에 온 세상을 다 뒤져도 찾을 수 없는 것은?

2 한 달마다 말랐다 뚱뚱해졌다 하는 것은?

3 세상에서 제일 뜨거운 산은?

4 더울 때는 짧고 추울 때는 긴 것은?

5 세상에서 제일 빠른 개는?

6 밝을 땐 따라다니다가 어두우면 사라지는 것은?

7 해가 만드는 달은?

8 먹을수록 기운이 없어지는 것은?

- 그림자
- 화산
- 양달
- 번개
- 달
- 밤
- 더위
- 해

11쪽 정답 1 있다 2 있다 3 있다 4 있다 5 없다 6 있다

왜?왜? 퀴즈

왜? 왜 그럴까? 숨겨진 이유를 찾아봐.

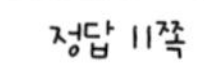

1

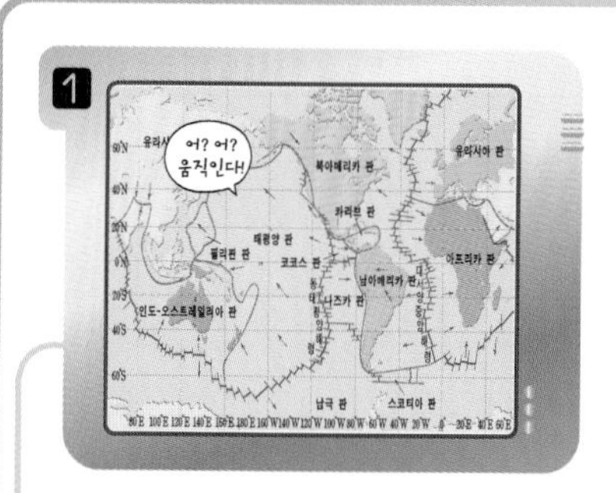

왜 옛날의 땅 모양은 지금과 다를까?

① 지진이 많이 나서

② 땅 덩어리들이 움직여서

2

왜 물이 부족한 나라가 점점 늘어날까?

① 바닷물을 쓰는 방법을 몰라서

② 비가 골고루 내리지 않아서

3

왜 지구 표면의 70퍼센트를 차지하는 물을 모두 사용하거나 마실 수 없을까?

① 대부분 짠 바닷물이라서

② 기름이 섞여있어서

4

왜 돌의 모양은 장소에 따라 다를까?

① 침식, 운반, 퇴적 작용 때문에

② 장소에 따라 온도가 다르기 때문에

12쪽 정답 1 삼각주 2 밀물 3 공전 4 행성 5 동물 6 자전 7 공기 8 짧아진다

왜 열대 아프리카의 초원인 사바나는 풀은 많지만 나무는 자라지 못할까?

① 땅이 작아서
② 비가 적게 와서

왜 사막에서는 신기루라는 가짜 웅덩이가 보이기도 할까?

① 모래에서 빛이 튕겨져 나와서
② 사막 표면에서 빛이 꺾여서

왜 그림자는 키가 커졌다 작아졌다 할까?

① 해가 밝아졌다 어두워졌다 해서
② 해가 높아졌다 낮아졌다 해서

왜 지구는 별이 아닐까?

① 스스로 돌아서
② 스스로 빛을 내지 못하므로

13쪽 정답 1 해 2 달 3 화산 4 밤 5 번개 6 그림자 7 양달 8 더위

stage 2 집중탐구 퀴즈

문제를 잘 읽고 맞는 것을 골라봐. 쉽지 않을걸!

지구의 탄생

지구의 겉모습

1 우리는 엄마가 낳았어. 그럼 맨 처음 지구는 어떻게 생겨났을까?

① 밝은 별이 모여서
② 작은 돌멩이가 모여서
③ 가스와 먼지 구름이 뭉쳐서

2 초등 학교 1학년 어린이는 보통 8세야. 그럼 지구는 몇 살일까?

① 6억 살 ② 46억 살
③ 100억 살

3 지구에는 사람도 살고 나무도 살고 동물도 살아. 맨 처음 생명체는 언제 나타났을까?

① 35억 년 전 ② 100년 전
③ 지구가 생겨났을 때

4 지구는 어떻게 생겼을까?

① 축구공처럼 둥글어.
② 한쪽이 약간 볼록한 타원형이야.
③ 평평한 사각형이야.

5 지구 가운데를 지나는 적도의 둘레는 북극과 남극을 지나는 둘레보다 길까, 짧을까?

① 적도의 둘레가 더 길어.
② 적도의 둘레가 더 짧아.

6 사람처럼 지구도 무게가 있어. 지구는 얼마나 무거울까?

① 태양만큼
② 달만큼
③ 달 81개를 합친 것만큼

지구의 속 모습

7 지구를 중심 쪽으로 계속 파 들어가면 결국 무엇이 나올까?

① 흙
② 물
③ 핵

8 지구의 핵까지 파 들어가면 뜨거울까, 차가울까?

① 아주 뜨거워.
② 아주 차가워.

9 지구의 겉엔 지각이, 중심엔 핵이 있어. 그럼 지각과 핵 사이엔 뭐가 있을까?

① 흙
② 물
③ 맨틀

돌과 흙

10 산에 있는 돌은 모가 나고 날카로워. 강가에 있는 돌은 왜 동글동글할까?

① 바람에 닳아서
② 물에 닳아서
③ 다른 돌에 부딪쳐서

11 바위가 부스러지면 돌이 돼. 돌이 부스러지면 뭐가 될까?

① 흙 ② 먼지
③ 벌레

12 흙속에는 지렁이가 살아. 지렁이의 먹이는 무엇일까?

① 흙속의 물
② 흙 덩어리
③ 흙속에 사는 벌레

정답과 해설은 뒤쪽에 있어.

집중탐구 퀴즈 정답&해설

지구의 탄생

정답 1.③ 2.② 3.①

지구가 태어난 것을 본 사람은 아무도 없어요. 하지만 과학자들은 46억 년 전, 태양이 생길 때 나온 가스와 먼지 구름이 빙글빙글 돌다가 서로 뭉쳐서 지구가 생겨났대요. 지구의 나이가 46억 살인 거죠.

35억 년 전에는 지구에 물이 생겼다는데, 그 때부터 산소도 생겨서 박테리아나 녹색식물 같은 생명체들이 살기 시작했다고 해요.

지구의 겉모습

정답 4.② 5.① 6.③

지구는 한쪽이 약간 볼록한 타원형이에요. 적도를 도는 둘레가 4만 76킬로미터, 북극과 남극을 지나는 둘레가 3만 9,942킬로미터로, 적도 둘레가 조금 더 길어요.

지구는 지구 위의 모든 것을 끌어당기는 중력이라는 힘을 가지고 있는데, 적도에서의 중력이 극지방에서보다 조금 약해요.

지구의 무게는 엄청나게 무거워서 달을 81개 정도 합친 것과 같답니다.

지구의 속 모습

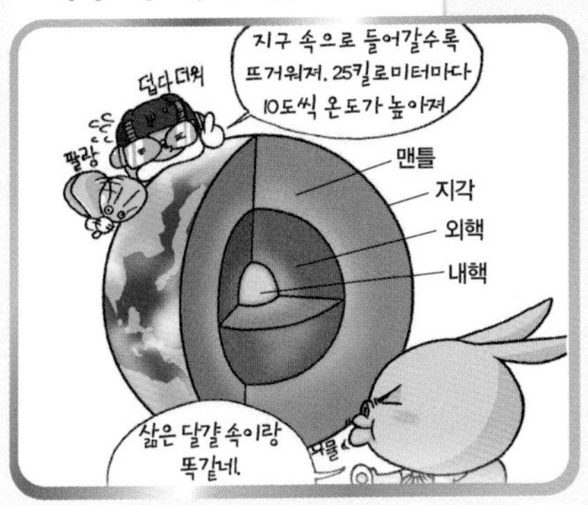

정답 7. ③ 8. ① 9. ③

지구를 반으로 잘라 보면 마치 삶은 달걀을 반으로 잘라 놓은 것 같아요. 겉에는 우리가 살아가는 지각이 있고, 지각 아래에는 맨틀이 있어요. 맨틀은 고체이긴 하지만 윗부분이 엿처럼 녹아 있어요. 맨틀 아래에는 핵이 있어요.

지구 중심으로 파 들어갈수록 뜨거워지는데, 핵은 6,000도가 넘어요. 두꺼운 쇠붙이가 닿으면 금세 흔적도 없이 사라질 거예요.

돌과 흙

정답 10. ② 11. ① 12. ②

지렁이는 흙속에 살며 흙덩어리를 삼켜 영양분을 얻어요. 그리고 똥을 싸는데, 이 똥은 땅을 더 건강하게 만들어요. 또 지렁이가 사는 밭은 비가 잘 스며들어 식물이 더 잘 자라요.

16-17쪽 정답이야.

집중탐구 퀴즈

문제를 잘 읽고 맞는 것을 골라봐. 쉽지 않을걸!

산

하늘

13 지구에는 산이 많아. 맨 처음 산은 어떻게 생겨났을까?

① 큰 땅덩어리들이 부딪쳐서
② 지진이 일어나서
③ 흙이 쌓여서

14 산이 처음 솟아올랐을 때 봉우리가 날카롭고 뾰족했어. 그런데 무엇 때문에 둥그러졌을까?

① 지진　　② 화산 분출
③ 비바람에 깎여서

15 히말라야와 알프스는 모두 산맥이라고 불러. 산맥은 뭘까?

① 산들이 길게 이어진 거야.
② 산봉우리가 뾰족한 거야.
③ 눈이 안 녹는 산이야.

16 노을이 지면 하늘이 붉어져. 왜 그럴까?

① 햇빛이 강해져서
② 붉은빛이 많아져서
③ 우리 눈에 붉은빛만 보여서

17 하늘과 가까운 높은 산꼭대기는 눈이 녹지 않아. 왜 그럴까?

① 높을수록 온도가 높아서
② 높을수록 온도가 낮아서
③ 햇빛이 잘 닿지 않아서

18 미국으로 여행 가는 날인데 비가 와. 비행기를 타도 비가 올까?

① 그럼, 비가 계속 와.
② 아니, 비행기는 비가 안 오는 높은 하늘을 날거든.

지구

강과 호수

19 **강은 땅을 가로질러 구불구불 흘러. 강은 어떻게 만들어질까?**

① 산에서 흘러온 물로
② 평평한 땅에 물이 모여서
③ 바닷물이 다시 땅으로 와서

20 **강은 산에서 흘러나온 물이 모여 만들어져. 그럼 호수는 어떻게 만들어질까?**

① 강물이 되고 남은 물로
② 강물이 바다로 가기 전에 모여서
③ 구덩이에 물이 고여서

21 **강물에 실려 온 모래와 진흙이 바다 근처에 쌓이면 삼각형 모양의 땅이 생겨. 이 땅의 이름은 뭘까?**

① 하구 ② 삼각주
③ 범람원

바다 1

22 **지구에는 바다가 얼마나 될까?**

① 지구 겉의 절반 정도야.
② 지구 겉의 절반이 넘어.

23 **바다는 왜 파랗게 보일까?**

① 바닷물이 파래서
② 바닷물이 햇빛의 파란빛만 반사시켜서

24 **겨울이 되면 강은 꽁꽁 얼지만, 바닷물은 잘 얼지 않아. 왜 그럴까?**

① 소금이 녹아 있어서
② 물고기들이 헤엄을 쳐서

정답과 해설은 뒤쪽에 있어.

집중탐구 퀴즈 정답 & 해설

산

정답 13. ① 14. ③ 15. ①

산은 맨틀 위에 떠 있는 지각이 서로 부딪치거나 화산이 폭발하면서 솟아올랐어요. 산은 맨 처음 솟아올랐을 땐 봉우리가 뾰족해요. 그러다 오랜 시간이 지나면서 비바람에 깎여 봉우리가 둥그러지고 높이도 낮아져요. 산맥은 산들이 길게 이어진 것을 말해요. 대륙의 커다란 두 판이 충돌하면서 솟아올랐어요. 주요 산맥으로는 알프스 산맥, 히말라야 산맥, 안데스 산맥, 로키 산맥 등이 있어요.

하늘

정답 16. ③ 17. ② 18. ②

빛에는 여러 가지 색이 들어 있어요. 낮에는 파란빛이 흩어져서 하늘이 파랗게 보여요. 그러다 저녁이 되면 파란빛이 너무 많이 흩어져서 우리 눈에 붉은빛만 보이게 돼요. 하늘이 붉게 보이는 것이지요.
땅 위 10킬로미터까지는 날씨가 변하고, 높이 올라갈수록 추워져요. 10킬로미터 위부터는 날씨도 변하지 않고 올라갈수록 더워지고요.

강과 호수

정답 19. ① 20. ③ 21. ②

산에는 비와 눈이 많이 내려서 물이 많아요. 이 물이 산에서 흘러나와 강이 되어 바다로 가요.

강이 흐르다 넘치면 진흙이 넓게 쌓여 범람원이라는 기름진 땅이 생겨요. 강이 바다로 흘러들어가는 부분에 하구가 만들어지고요. 바다 근처에는 강물이 실어 온 모래나 진흙이 쌓여 삼각주라는 평탄한 땅이 생겨요. 호수는 땅이 움푹 파인 구덩이에 물이 고여 생긴 거예요.

바다 1

정답 22. ② 23. ② 24. ①

지구 표면의 3분의 2가 바다인 지구는 우주에서 보면 파란 구슬 같아요. 빛이 바닷물 표면에 부딪칠 때, 빨간빛은 흡수되고 파란빛은 흡수되지 않고 밖으로 흩어져 나오기 때문이에요.

바닷물 1킬로그램 속에는 약 35그램의 짠 성분이 녹아 있는데, 그 중 대부분은 소금이에요. 소금은 물이 어는 온도를 낮춰서 바닷물은 겨울에 잘 얼지 않아요.

20~21쪽 정답이야.

집중탐구 퀴즈

문제를 잘 읽고 맞는 것을 골라봐. 쉽지 않을걸!

바다 2

바다 생물

25 냇물은 강으로, 강물은 바다로 가. 물은 다 바다로 가는데 바다는 왜 넘치지 않을까?

① 물고기가 먹어서
② 수증기가 되어 하늘로 날아가서

26 파도는 하얀 거품을 내면서 부서져. 파도는 왜 치는 걸까?

① 바다에 바람이 불어서
② 물고기들이 헤엄을 쳐서
③ 빙하가 녹아서

27 바닷가로 물이 들어오는 건 밀물이라고 해. 반대로 바닷물이 쑥 빠져나가는 건 뭐라고 할까?

① 만조　　② 센물
③ 썰물

28 바다 속에 사는 물고기의 종류는 개나 고양이 같은 젖먹이동물의 종류보다 많을까, 적을까?

29 상어는 바다의 무시무시한 사냥꾼이야. 그 중 사람을 해치는 상어는 누구일까?

① 돌묵상어　　② 백상아리

30 산호는 바람에 나부끼는 꽃같이 예뻐. 산호의 정체는 뭘까?

① 식물　　② 동물
③ 바위

계절

날씨

31 우리나라는 사계절이 있어. 왜 계절이 바뀔까? (답은 2개)

① 지구가 자전을 해서
② 지구가 태양 주위를 돌아서
③ 지구 자전축이 기울어져서

32 여름이 되면 오랫동안 계속 비가 내려. 왜 그럴까?

① 축축한 공기가 오래 머물러서
② 차가운 공기가 오래 머물러서
③ 뜨거운 공기가 오래 머물러서

33 우리나라의 겨울 날씨는 3일은 춥고 4일은 따뜻해. 왜 그럴까?

① 차가운 바람이 움직여서
② 따뜻한 바람이 움직여서
③ 눈이 내렸다 그쳤다 해서

34 바람이 나뭇잎을 살랑살랑 흔들어. 바람은 무엇일까?

① 구름이 움직이는 거야.
② 공기가 움직이는 거야.
③ 나무가 공기를 흔드는 거야.

35 파란 하늘에 구름이 뭉게뭉게 피었어. 구름은 어떻게 생겨났을까?

① 수증기가 하늘로 올라가서
② 공기가 하늘로 올라가서
③ 눈이 모여서

36 비는 어떻게 만들어질까?

① 구름 속 공기가 모여서
② 구름 속 얼음 알갱이가 달라 붙어서
③ 공기 속의 빗방울이 모여서

정답과 해설은 뒤쪽에 있어.

바다 2

정답 25.② 26.① 27.③

바닷물은 계속 움직이고 있어요. 따뜻한 햇볕을 받아 수증기가 되어 하늘로 올라가기도 하고, 바람을 맞아 파도가 치기도 해요. 또 하루 두 번 바닷가로 밀려오고 밀려나가요. 밀려오는 걸 밀물, 밀려나가는 걸 썰물이라고 해요.
바닷물도 강물처럼 흐르는데, 아무렇게나 흐르지 않고 정해진 길을 따라 흘러요. 이 정해진 길을 따라 흐르는 걸 해류라고 해요.

바다 생물

정답 28. 많아 29.② 30.②

바다에는 2만여 종류의 물고기가 살고 있는데, 이것은 젖먹이동물 종류의 4배가 넘는 수예요.
백상아리는 큰 입과 날카로운 이빨로 덩치 큰 바다코끼리도 잡아먹지만, 돌묵상어는 작은 플랑크톤을 잡아먹고 살아요. 산호는 꽃처럼 보이지만 작은 동물을 잡아먹고 사는 동물이에요.
빛이 못 들어가는 바다 깊은 곳은 깜깜해서 눈이 안 보이는 대신, 다른 감각이 발달한 물고기들이 살고 있어요.

계절

정답 31. ②, ③ 32. ① 33. ①

봄, 여름, 가을, 겨울의 사계절은 지구가 자전축이 기울어진 채 태양 주위를 1년에 한 번씩 돌기 때문에 생겨요.

초여름이 되면 북동쪽과 남서쪽에서 두 개의 축축한 공기 덩어리가 오는데, 이 두 공기가 서로 힘을 겨루면서 계속 비를 뿌려 장마가 져요.

겨울에는 춥고 메마른 바람이 부는데, 이 바람이 강하게 부는 3일은 춥고 약하게 부는 4일은 따뜻해요.

날씨

정답 34. ② 35. ① 36. ②

공기는 따뜻해지면 가벼워져서 위로 올라가고, 차가워지면 무거워져서 아래로 내려와 위로 올라간 공기의 자리를 채워 줘요. 바람은 이런 공기의 움직임을 말해요.

구름은 수증기가 차가워져 작은 물방울이 되어 한데 엉긴 거예요.

구름 속엔 작은 얼음 알갱이도 들어 있는데, 얼음 알갱이가 커지면서 떨어지는 게 비예요. 비는 처음엔 얼음 덩어리지만 떨어질 때 녹아서 물이 돼요.

24-25쪽 정답이야.

집중탐구 퀴즈

문제를 잘 읽고 맞는 것을 골라봐. 쉽지 않을걸!

천둥과 번개

37 쿵! 하는 천둥이 빠를까, 번쩍! 하는 번개가 빠를까?

① 천둥 ② 번개
③ 둘 다 똑같이 빨라.

38 쿵! 하고 천둥이 치면 사람도 동물도 깜짝 놀라. 천둥은 왜 칠까?

① 번개가 공기를 뜨겁게 해서
② 번개가 공기를 차갑게 해서
③ 번개가 공기를 밀어내서

39 번쩍! 번개는 왜 칠까?

① 구름 속 알갱이들이 부딪쳐 전기를 띠어서
② 공기가 세게 부딪쳐서 전기를 띠어서

태풍

40 태풍은 비바람을 끌고 와서 땅을 덮치곤 해. 태풍은 어떻게 생겨날까?

① 비가 큰 소용돌이를 만들어서
② 구름이 큰 소용돌이를 만들어서
③ 바다가 큰 소용돌이를 만들어서

41 사라, 매미, 나비는 태풍의 이름이야. 태풍의 이름은 어떻게 정해질까?

① 기상청에서 그때 그때 정해.
② 각 나라가 추천한 이름을 돌려가며 붙여.

42 태풍의 한가운데는 고요해. 태풍의 한가운데를 뭐라고 할까?

① 핵 ② 눈
③ 씨

눈

기후

43 눈은 어떻게 만들어질까?

① 구름이 얼어서
② 내리던 비가 얼어서
③ 구름 속 얼음 알갱이가 서로 달라붙어서

44 눈은 동그란 듯 보여. 실제로는 어떤 모양일까?

① 네모 ② 세모
③ 육각형

45 눈이 내리면 온 세상이 하얗게 돼. 왜 눈은 흰색일까?

① 빛을 잘 반사해서
② 빛을 흡수해서
③ 빛을 만들어서

46 적도 근처에 있는 나라는 일 년 내내 똑같은 계절이야. 어떤 계절일까?

① 춥고 눈 내리는 겨울
② 낮은 따뜻하고 밤은 추운 봄
③ 덥고 비가 자주 오는 여름

47 이 곳은 너무 덥지도 춥지도 않아서 사람이 많이 살아. 어디일까?

① 온대 기후 지역
② 냉대 기후 지역
③ 열대 기후 지역

48 두꺼운 얼음이 꽁꽁 어는 곳에서도 나무가 자라. 어떤 나무가 자랄까?

① 잎이 넓적한 나무
② 잎이 뾰족한 나무
③ 열매가 많이 열리는 나무

정답과 해설은 뒤쪽에 있어.

집중탐구 퀴즈 정답 & 해설

천둥과 번개

정답 37. ② 38. ① 39. ①

구름 속에서 물방울과 얼음 알갱이들이 세게 부딪치면 전기를 띠게 돼요. 이 전기가 '번쩍' 하고 번개를 일으켜요. 번개가 치면 주변의 공기가 뜨거워지고, 뜨거운 공기는 풍선처럼 늘어나다 마침내 '쿵' 하고 천둥소리를 내요.

번개와 천둥은 거의 동시에 일어나지만 번개가 더 빨라요. 그건 빛이 소리보다 더 빠른데, 번개는 빛이고 천둥은 소리이기 때문이에요.

태풍

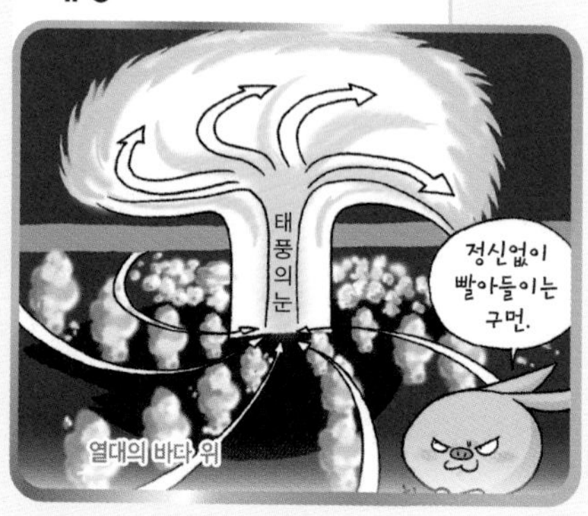

정답 40. ② 41. ② 42. ②

바다의 더운 공기가 위로 올라가 식으면서 구름이 만들어지고, 이 구름은 큰 소용돌이를 만들며 빙글빙글 돌아요. 이렇게 만들어진 것이 태풍이에요. 태풍은 큰 비바람을 몰고 다니지만, 한 가운데 태풍의 눈은 아주 고요해요.

태풍의 이름은 아시아의 14개 나라가 10개씩 제출한 140개의 이름을 돌려가며 붙여요. 우리나라는 개미, 나리, 장미, 수달, 노루, 제비, 너구리, 고니, 메기, 나비라는 이름을 제출했어요.

눈

기후

정답 43. ③ 44. ③ 45. ①

눈송이는 구름 속에 있던 얼음 알갱이가 서로 달라붙어서 만들어져요. 하지만 너무 추운 날엔 눈송이가 만들어지지 못해서 눈이 내리지 않아요.

눈송이의 모양은 육각형 판 모양, 별 모양, 기둥 모양 등 여러 가지가 있어요. 또 빨주노초파남보라색의 빛을 모두 반사하기 때문에 하얗게 보여요. 그리고 눈이 오는 날은 다른 날보다 덜 춥고 조용하답니다.

정답 46. ③ 47. ① 48. ③

적도 근처는 일 년 내내 덥고 비가 많이 와서 식물이 잘 자라고 동물도 많아요.

우리나라처럼 사계절이 뚜렷한 곳은 사람이 많이 살고 문화가 발달했고요.

우리나라에서 북쪽으로 올라가면 햇볕이 적어지고 날씨가 점점 추워져요. 그래도 이 곳에서는 소나무 같은 나무도 자라고 농사도 지어요.

북극 근처는 여름에도 눈보라가 칠 정도로 추워요. 이건 남극도 똑같아요.

28~29쪽 정답이야.

속담 퀴즈 열쇠를 찾아봐. 속담이 보일 거야.

하늘이 무너져도 솟아날 ▢▢이 있다.

➔ 아무리 큰 변을 당해도 벗어날 방법은 있다.

▢▢가 잦으면 천둥 한다.

➔ 나쁜 일이 잦으면 결국 큰 봉변을 당한다.

▢도 차면 기운다.

➔ 행운이 계속되는 것은 아니다.

물이 깊을수록 ▢▢가 없다.

➔ 생각이 깊은 사람은 잘난 체하지 않는다.

물이 깊어야 ▢▢가 모인다.

➔ 훌륭한 사람에게 사람이 따른다.

번개 구멍 달 고기 소리

또또 퀴즈

정답 79쪽

왼쪽 퍼즐 조각은 아래에서 어딜 잘라낸것일까? 손으로 짚어봐.

17쪽 정답 ❶ ❸

또또 퀴즈~ 정말 재미있다. 어디 어디 숨었을까?

stage 3

집중탐구 퀴즈

문제를 잘 읽고 맞는 것을 골라봐. 쉽지 않을걸!

화산

화산 폭발 후

49 화산 폭발은 왜 일어날까?

① 땅속의 핵이 터져 나와서
② 땅속의 뜨거운 물이 터져 나와서
③ 땅속의 마그마가 터져 나와서

50 화산은 일 년에 30개쯤 새로 생겨. 화산이 가장 많은 곳은 어디일까?

① 대서양 가장자리
② 태평양 가장자리
③ 아프리카 가장자리

51 화산은 땅에서만 폭발할까?

① 그럼, 땅에서만 폭발해.
② 아니, 바다에서도 폭발해.

52 화산 중에는 100~200년 동안 폭발하지 않는 것도 있어. 이런 화산을 뭐라고 부를까?

① 활화산 ② 사화산
③ 휴화산

53 화산 꼭대기에서 뜨거운 물이 분수처럼 솟아올랐어. 이 물은 뭘까?

① 땅속에 스며든 빗물에 데워진 것
② 땅 위의 빗물이 데워진 것
③ 용암 속 물

54 화산 폭발 후에도 동식물이 살까?

① 그럼, 살지.
② 아니, 안 살아.

지진

동굴

55 지진은 왜 생길까?

① 지각을 이루는 두 판이 서로 멀어져서

② 지각을 이루는 두 판이 서로 밀쳐서

56 땅이 흔들리면서 지진이 나려고 해. 사람과 동물 중 누가 먼저 알까?

① 동물 ② 사람

57 화산은 바다 속에서도 일어나. 지진도 그럴까?

① 그럼, 일어나지.

② 아니, 안 일어나.

58 석회 동굴엔 박쥐도 살고 물도 있어. 석회 동굴은 어떻게 만들어질까?

① 지하수가 석회암층을 깎아서

② 별똥별이 떨어져서

③ 바람이 세게 불어서

59 석회 동굴의 천장에는 고드름처럼 돌이 자라. 이 돌을 뭐라고 할까?

① 석순 ② 종유석

③ 석주

60 종유석은 1년에 어느 정도나 자랄까?

① 새끼손가락의 손톱보다 적게

② 내 손바닥만큼

③ 내 팔 길이만큼

정답과 해설은 뒤쪽에 있어.

집중탐구 퀴즈 정답&해설

화산

정답 49. ③ 50. ② 51. ②

화산은 땅속의 마그마가 뜨거운 열과 압력을 받아 가스와 함께 밖으로 터져 나와서 만들어져요. 용암은 밖으로 터져 나온 마그마가 흘러내린 거고요.
태평양의 가장자리에 화산이 빙 둘러 있는데, 이 곳을 환태평양 화산대라고 불러요. '불의 고리' 라고 부르기도 해요. 이 곳에서는 지진이나 화산 활동이 계속 일어나요.
화산은 바다 속에도 있는데, 하와이는 화산이 바다 속에서 폭발해 만들어진 섬이에요.

화산 폭발 후

정답 52. ③ 53. ① 54. ①

화산이라고 다 폭발하는 것은 아니에요. 활화산은 계속 폭발하지만, 사화산은 더 이상 폭발하지 않고, 휴화산은 100~200년을 쉬기 때문이에요. 화산 꼭대기에는 땅속에 스며든 빗물이 데워져서 김이 나거나 끓어오르는 간헐천이 생기기도 해요. 화산이 폭발할 땐 뜨거운 용암과 재 때문에 동식물이 죽어요. 하지만 시간이 지나면 오히려 땅이 비옥해져 많은 동식물이 살게 돼요.

지진

정답 55. ② 56. ① 57. ①

지진은 지각을 이루는 두 판이 서로 부딪쳐서 일어나요. 지진이 일어나려면 동물들이 먼저 알아서, 개가 마구 짖어 대고 쥐들이 굴에서 뛰쳐나와요. 하지만 사람들은 미처 알지 못해서 다치거나 죽기도 해요.

바다 속에서 일어나는 지진을 해진이라고 해요. 해진은 거대한 파도를 만들어 육지를 덮치고 바닷가의 도시를 삼켜 버려요.

동굴

정답 58. ① 59. ② 60. ①

석회 동굴은 석회암이 지하수나 빗물에 깎여서 만들어져요. 용암 동굴은 용암이 흘러내려 만들어지고, 파식 동굴은 바닷가의 암벽이 파도에 깎여 만들어져요.

석회 동굴에는 종유석이 고드름처럼 매달려 있는데, 석회암 부스러기가 물방울에 섞여서 자란 거예요. 석순은 바닥에서 자란 돌이고, 석주는 종유석과 석순이 만나서 만들어진 기둥이에요. 이들은 1년에 0.2밀리미터쯤 자라요.

34-35쪽 정답이야.

집중탐구 퀴즈

문제를 잘 읽고 맞는 것을 골라봐. 쉽지 않을걸!

열대 우림

열대 우림은 살기가 너무 좋아.
맞아. 비가 많이 오고 햇빛도 많이 비추고.
평생 열대 우림을 떠나지 말자고.

사막

61 지구 동물의 절반 이상이 열대우림에 살아. 열대 우림은 어떤 날씨일까?

① 비가 적고 햇빛이 많은 날씨
② 비가 많고 햇빛이 많은 날씨
③ 비도 적고 햇빛도 적은 날씨

62 열대 우림은 지구의 가운데 적도 근처에 펼쳐져 있어. 그 중 가장 큰 열대 우림은 어디에 있을까?

① 라인강 유역 ② 황하강 유역
③ 아마존강 유역

63 열대 우림은 지구에서 중요한 일을 해. 다음 중 어떤 일을 할까?

① 공기를 맑게 해 줘.
② 공원을 만들어 줘.
③ 물을 맑게 해 줘.

64 사막엔 모래 사막도 있고, 얼음 사막도 있어. 어떤 곳을 사막이라고 할까?

① 바람이 없는 곳
② 비가 거의 오지 않는 곳
③ 생물이 살지 못하는 곳

65 사막엔 거의 비가 오지 않아. 왜 그럴까?

① 바람이 없어서
② 습기가 없어서
③ 날씨가 더워서

66 메마른 사막에도 샘이 퐁퐁 솟아 숲을 이루는 곳이 있어. 이 곳은 어디일까?

① 사구 ② 신기루
③ 오아시스

사막 생물

67 비가 잘 내리지 않는 사막에도 꽃이 필까?

① 그럼, 가끔 비가 올 때 펴.
② 아니, 너무 더워서 안 펴.

68 가시가 뾰족한 선인장은 물이 부족한 사막에서도 잘 살아. 왜 그럴까?

① 물 대신 모래를 먹고 살아서
② 몸에 물을 저장해 놓아서
③ 공기만 먹고 살아서

69 낙타는 오랫동안 물을 먹지 않고도 사막을 잘 건너. 왜 그럴까?

① 혹에 물이 들어 있어서
② 혹에 지방이 들어 있어서
③ 원래 물을 안 먹어서

극지방 1

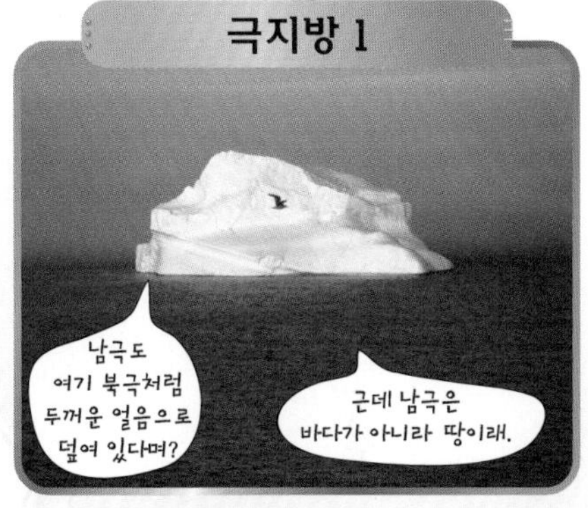

70 북극은 땅이 아니라 얼음으로 된 바다야. 남극도 바다일까?

① 그럼, 남극도 바다야.
② 아니, 남극은 땅이야.

71 북극과 남극은 몹시 추워. 왜 그럴까?

① 눈이 너무 많이 와서
② 비가 안 와서
③ 햇빛이 부족해서

72 북극과 남극 둘 중에 어느 곳이 더 추울까?

① 북극
② 남극
③ 둘 다 똑같아.

정답과 해설은 뒤쪽에 있어.

열대 우림

정답 61. ② 62. ③ 63. ①

열대 우림에는 날씨가 덥고 비가 많이 와요. 그래서 식물이 잘 자라 숲이 우거지고 동물이 많이 살아요. 그 중에서도 남아메리카의 아마존강 유역에 가장 큰 열대 우림이 있어요.

열대 우림은 지구의 나쁜 공기를 빨아들이고 좋은 공기를 내뿜어요. 또 약국에서 구하는 약 중 4분의 1이 열대 우림에서 자라는 식물을 원료로 만들어져요.

사막

정답 64. ② 65. ② 66. ③

비가 거의 오지 않는 곳을 사막이라고 해요. 사하라 사막처럼 모래로 뒤덮인 곳도 있고, 남극 대륙처럼 얼음으로 뒤덮인 곳도 있어요. 사막에는 습기가 없어서 구름이 잘 만들어지지 않아요. 구름이 없어서 비가 내리지 않고, 비가 내리지 않아 물이 없어요. 하지만 오아시스에는 물이 있어요. 오아시스는 빗물이 땅속으로 스며들어 단단한 바위 위에 고였다가 얇은 땅을 만나 뚫고 올라온 거예요.

사막 생물

정답 67. ① 68. ② 69. ②

사막에는 물이 부족해서 식물이 잘 자랄 수 없어요. 하지만 가끔 비가 오고 나면 노랗고 빨간 수많은 꽃이 피어 나요.

선인장 같은 식물은 줄기의 홈을 볼록하게 부풀려서 물을 저장해요. 또 잎은 작고 날씬한 가시로 만들어 물을 아꼈고요. 이 가시는 동물들로부터 선인장을 지켜 주기도 해요.

낙타는 혹 속의 지방을 분해해 필요한 물을 얻을 수 있어서 오랫동안 물을 안 먹고도 살 수 있어요.

극지방 1

정답 70. ② 71. ③ 72. ②

북극은 바다 한가운데 있고, 남극은 대륙 한복판에 있어요. 두 극지방은 햇빛이 적어서 공기가 따뜻해지지 않아 몹시 추워요. 하지만 북극의 최저 온도는 영하 70도, 남극의 최저 온도는 영하 89.6도로 남극이 더 추워요. 북극은 얼음이 녹으면서 조금이나마 햇빛을 흡수하기도 하지만, 남극 대륙은 98퍼센트가 두꺼운 얼음으로 덮여 있어서 햇빛을 흡수하지 않고 반사시키기 때문이에요.

38-39쪽 정답이야.

집중탐구 퀴즈

문제를 잘 읽고 맞는 것을 골라봐. 쉽지 않을걸!

극지방 2

지구의 자전과 공전

73 북극에는 에스키모가 살아. 남극에는 누가 살까?

① 에스키모가 살아.
② 과학자들만 살아.
③ 아무도 안 살아.

74 만약 빙하가 모두 녹는다면 지구는 어떻게 될까?

① 먹을 물이 많아져.
② 땅이 다 잠기게 돼.
③ 추워져.

75 극지방에는 태양에서 날아온 알갱이와 하늘의 알갱이가 부딪혀서 불빛이 생기기도 해. 이것은 무엇일까?

① 별똥별 ② 은하수
③ 오로라

76 지구가 스스로 도는 걸 자전이라고 해. 그럼 지구가 태양의 주위를 도는 건 뭐라고 할까?

① 회전 ② 위성
③ 공전

77 지구의 자전 속도는 조금씩 변하고 있어. 느려질까, 빨라질까?

① 느려져. ② 빨라져.

78 지구가 자전하는 데 하루가 걸려. 그럼 공전하는 데는 얼마가 걸릴까?

① 1주일 ② 1개월
③ 1년

낮과 밤

79 낮은 밝고, 밤은 캄캄해. 낮과 밤은 왜 생길까?

① 태양이 돌아서
② 달이 돌아서
③ 지구가 돌아서

80 해는 매일 아침 동쪽에서 떠서 서쪽으로 져. 왜 그럴까?

① 지구가 동쪽에서 서쪽으로 돌아서
② 지구가 서쪽에서 동쪽으로 돌아서
③ 해가 동쪽에서 서쪽으로 돌아서

81 어두운 밤이 되면 하늘에 하나 둘 별이 떠올라. 별은 밤에만 뜰까?

① 그럼, 밤에만 뜨지.
② 아니, 낮에도 떠.

지구의 자원

82 이것은 동식물의 시체가 오랫동안 깊은 바다 밑에 묻혀 있다가 변한 거야. 이것은 뭘까?

① 석유 ② 석탄
③ 보석

83 이것은 죽은 나무가 오랫동안 땅속에 묻혀 있다가 변한 거야. 이것은 무엇일까?

① 석유 ② 석탄
③ 보석

84 루비, 자수정, 다이아몬드 중 지구의 맨틀 부분에서 만들어지는 보석은 어느 것일까?

① 루비 ② 자수정
③ 다이아몬드

정답과 해설은 뒤쪽에 있어.

집중탐구 퀴즈 정답&해설

극지방 2

정답 73. ② 74. ② 75. ③

북극에는 에스키모가 얼음집(이글루)을 짓고 살아요. 남극에는 과학자들이나 탐험가들만 지나다니고요. 두 극지방의 빙하가 다 녹으면, 바다가 50~60미터가 높아져 땅이 물에 잠기게 될 거예요.
극지방에서는 알록달록 신비한 오로라를 볼 수 있어요. 오로라는 태양에서 날아온 작은 알갱이가 극지방 하늘에 떠 있는 작은 알갱이들과 부딪쳐서 생기는데, 마치 빛의 커튼 같아요.

지구의 자전과 공전

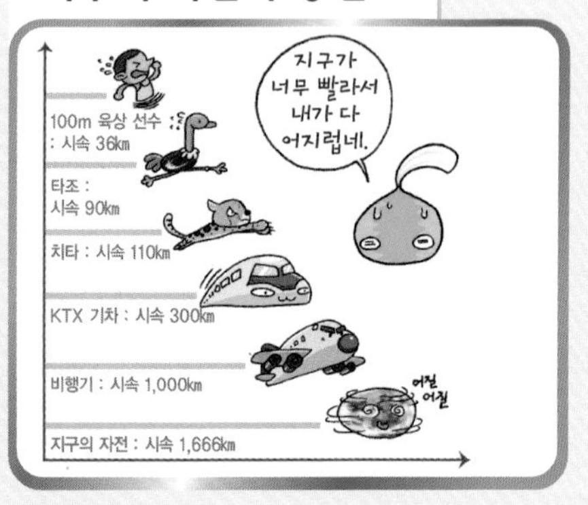

정답 76. ③ 77. ① 78. ③

우리가 사는 지구는 가만히 있지 않고 움직이고 있어요. 팽이처럼 스스로 도는 자전도 하고 태양의 주위를 도는 공전도 해요. 자전은 자전축을 중심으로 해서 하루가 걸리고, 공전은 1년이 걸려요.
지구의 자전 속도는 적도 근방에서 시속 1,666킬로미터로 비행기보다 빨라요. 그런데 이 자전 속도가 서서히 느려지는데, 왜 그런지는 아직도 수수께끼랍니다.

낮과 밤

정답 79. ③ 80. ② 81. ②

낮과 밤이 생기는 건 지구가 자전을 하기 때문이에요. 지구가 돌면서 태양 쪽으로 오면 낮, 태양의 반대쪽으로 오면 밤이에요. 지구가 서쪽에서 동쪽으로 돌기 때문에 마치 태양이 동쪽에서 떠서 서쪽으로 지는 것처럼 보여요.

밤하늘에는 별이 빛나요. 별은 낮에도 뜨긴 하지만 밝은 태양빛에 가려 안 보이다가 어두워진 밤에야 비로소 밝게 보이게 된답니다.

지구의 자원

정답 82. ① 83. ② 84. ③

땅속에는 많은 자원이 묻혀 있어요. 석유와 천연가스는 동식물의 시체가 오랫동안 바다 밑 땅속에 묻혀 있다가 변한 것이에요. 석탄은 죽은 나무가 땅속에 묻혀 있다가 변한 것이고요.

지구의 자원에는 보석도 많아요. 그중 다이아몬드는 땅속 깊이 맨틀 부근에서 높은 압력과 열을 받으면서 만들어졌어요. 그러다 화산이 폭발하거나 땅이 크게 움직일 때 땅 위로 올려진 거예요.

42-43쪽 정답이야.

집중탐구 퀴즈

문제를 잘 읽고 맞는 것을 골라봐. 쉽지 않을걸!

태양

달

85 지구와 태양 중 어느 것이 먼저 생겨났을까?

① 지구
② 태양
③ 함께 생겨났어.

86 태양은 활활 타오르는 불덩이 같아. 얼마나 뜨거울까?

① 약 3,000도
② 약 6,000도
③ 약 9,000도

87 태양은 지금처럼 영원히 활활 타오를까?

① 그럼, 영원히 타오르지.
② 아니, 언젠가는 식을 거야.

88 초승달은 손톱 같고, 보름달은 둥근 쟁반 같아. 달은 정말 모양이 변할까?

① 그럼, 한 달 내내 변해.
② 아니, 변하지 않아.

89 달은 우리를 졸졸 쫓아다니는 것처럼 보여. 왜 그럴까?

① 멀리 떨어져 있어서
② 가까이 있어서
③ 지구와 똑같이 움직여서

90 달에서는 사람이 살지 못해. 왜 그럴까?

① 표면에 구멍이 많아서
② 동물과 식물이 없어서
③ 공기, 물, 바람이 없어서

일식과 월식

91 달이 지구 그림자에 가려 어둡게 보여. 이런 현상을 뭐라고 할까?

① 일식 ② 월식
③ 그믐

92 낮인데 마치 저녁인 것처럼 해가 가려지면서 어두워졌어. 이런 현상을 뭐라고 할까?

① 일식 ② 월식
③ 오로라

93 일식으로 태양이 가려지면 태양 둘레가 하얗게 빛나. 이걸 뭐라고 할까?

① 프리즘 ② 스펙트럼
③ 코로나

지구의 오염

94 사람들이 석유와 석탄을 많이 써서 지구가 점점 더워지고 있어. 이것을 뭐라고 할까?

① 지구 온난화
② 엘니뇨

95 산성비는 숲을 죽이고, 물고기도 병들게 해. 산성비는 왜 내릴까?

① 공장과 자동차에서 나온 오염 물질이 비와 함께 내려서
② 더러워진 바닷물이 증발해서

96 동식물의 천국인 열대 우림이 100년 사이에 반으로 줄었대. 왜 이렇게 줄었을까?

① 날씨가 점점 추워져서
② 나무를 함부로 베어 내서

정답과 해설은 뒤쪽에 있어.

태양

정답 85. ③ 86. ② 87. ②

과학자들의 연구에 따르면, 약 46억 년 전에 태양이 생기면서 그 중 가스와 먼지 구름이 떨어져 나와 지구가 생겼대요. 지금은 태양의 표면 온도가 약 6,000도지만 계속 뜨거워지고 커져서 50억 년쯤 후에는 지구의 공전 궤도까지 온대요. 그러면 지구는 태양으로 빨려들어가 폭발해 버릴 거래요. 그 뒤 태양은 점점 식고 작아져 10억 년 정도 지내고 사라진다고 해요.

달

정답 88. ② 89. ① 90. ③

밤길을 비추는 달은 스스로 빛을 내지 못해요. 햇빛을 받는 부분만 빛나서 우리 눈에 보이게 돼요.

달은 모양이 동그랗지만, 태양-달-지구의 위치에 따라 초승달, 보름달 등으로 모양이 다르게 보여요. 달은 지구에서 멀리 떨어져 있어서 꼭 우리를 따라오는 것처럼 느껴져요. 또 달에는 공기, 물, 바람이 없어서 생명체가 살 수 없답니다.

일식과 월식

지구의 오염

정답 91. ② 92. ① 93. ③

태양은 낮에 환하게 빛나고 달은 밤에 환하게 빛나요. 하지만 가끔 일식과 월식이 일어나 빛이 가려져 어두워지기도 해요.

월식은 지구에서 볼 때, 달이 지구의 그림자에 가려져서 밝은 부분이 어둡게 보이는 현상이에요.

일식은 태양이 달에 가려져서 나타나는 현상이에요. 일식이 일어날 때 태양이 가려진 둘레로 하얗게 빛나는 코로나를 볼 수 있어요.

정답 94. ① 95. ① 96. ②

지구는 오염으로 몸살을 앓고 있어요. 석탄과 석유를 사용할 때 나오는 물질로 지구가 더워지는 온난화 현상이 일어나고 있어요. 또 공장과 자동차가 내뿜는 오염 물질로 산성비가 내리고요.

열대 우림에선 농사 지을 땅을 얻거나 질 좋은 나무를 팔겠다고 나무를 마구 베고 숲을 파괴해요. 또 바다는 생활 폐수, 농약, 쓰레기, 배에서 흘러나온 석유 등으로 오염되고 있어요.

46-47쪽 정답이야.

교과서 도전 퀴즈

학교 시험에는 어떻게 나올까? 도전해봐!

정답 52쪽

1 낮과 밤 2학년

1. 해가 있을 때를 낮, 없을 때를 밤이라고 한다. (○ , ×)
2. 낮에는 햇빛이 있어서 그림자가 생긴다. (○ , ×)
3. 학교에서 공부를 하고 운동장에서 즐겁게 노는 것은 밤에 하는 일이다. (○ , ×)
4. 햇빛이 없는 흐린 날도 밤이라고 한다. (○ , ×)
5. 일기를 쓰는 것은 밤에 하는 일이다. (○ , ×)

6~9. 다음 내용을 읽고, 낮 또는 밤으로 답하시오.

6. 해, 구름, 산, 건물 등의 모습이 잘 보인다. (   )
7. 많은 사람들이 일하는 모습을 볼 수 있다. (   )
8. 거리에 사람과 차들이 많이 줄어든다. (   )
9. 가로등에 불이 들어 오고 차들은 불을 켜고 달린다. (   )

52쪽 정답 3 1.× 2.○ 3.× 4.○

2 여러 가지 그림자

2학년

1. 그림자는 해의 반대쪽에 생긴다. (○ , ×)
2. 빛을 통과하는 물체는 그림자가 생긴다. (○ , ×)
3. 투명한 유리판은 그림자가 생기지 않는다. (○ , ×)
4. 내가 움직이면 그림자도 따라 움직인다. (○ , ×)
5. 같은 물체로는 한 가지 모양의 그림자만 생긴다. (○ , ×)
6. 방향이 달라지면 그림자의 모양도 달라진다. (○ , ×)

53쪽 정답 4 1. ○ 2. × 3. ○ 4. × 5. ○

교과서 도전 퀴즈

학교 시험에는 어떻게 나올까? 도전해봐!

정답 50쪽

3 지구와 달 3학년

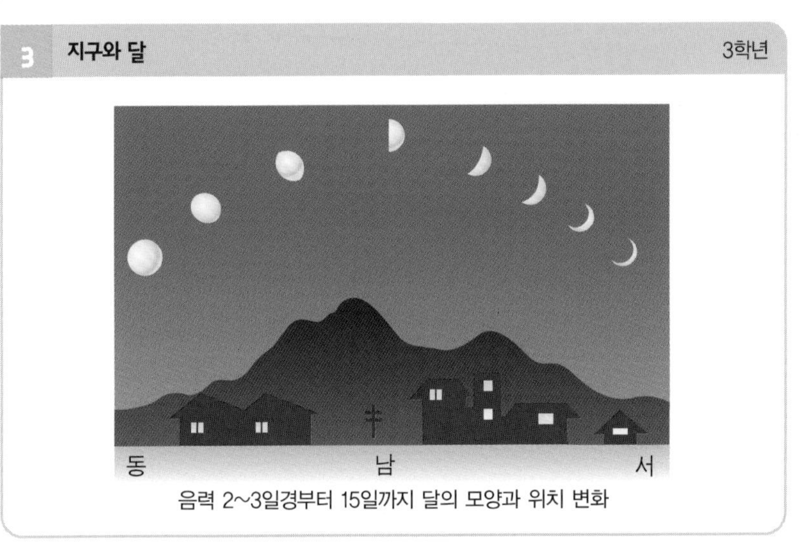

음력 2~3일경부터 15일까지 달의 모양과 위치 변화

1. 여러 날 동안 달을 관찰할 때는 한 시간마다 달의 위치를 관찰한다. (○ , ×)
2. 초저녁에 초승달은 서쪽 하늘, 상현달은 남쪽 하늘, 보름달은 동쪽 하늘에서 볼 수 있다. (○ , ×)
3. 매일 해가 진후 달이 뜨는 위치가 동쪽에서 서쪽으로 움직인다. (○ , ×)
4. 달의 모양이 변하는 이유는 달이 지구 주위를 공전하기 때문이다. (○ , ×)

50쪽 정답 **1** 1. ○ 2. ○ 3. × 4. × 5. ○ 6. 낮 7. 낮 8. 밤 9. 밤

4 지진 6학년

• 지진이 자주 일어나는 지역 (지진대) : 태평양 연안, 지중해, 히말라야 산맥 등

• 우리나라에서 발생한 지진 : 지난 20년간 연평균 20회 정도 발생했으며, 우리나라도 이제는 지진의 안전 지대가 아닙니다.

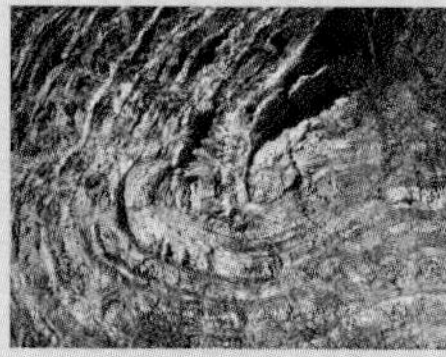

지층의 휘어짐(습곡)

지층의 끊어짐(단층)

1. 지진의 피해를 줄이려면 건물을 튼튼하게 짓고, 무거운 물건은 아래에 두어야 한다. (○ , ×)
2. 우리나라에서는 지진이 거의 일어나지 않는다. (○ , ×)
3. 지구 내부의 힘에 의해 지층은 휘어지기도 하고 끊어지기도 한다. (○ , ×)
4. 지진계를 이용해 지진의 규모를 측정한다. (○ , ×)
5. 지진은 지층이 끊어질 때 그 흔들림이 땅에 전달되어 우리가 느낄 수 있다. (○ , ×)

51쪽 정답 2 1.○ 2.× 3.○ 4.○ 5.× 6.○

2 Round

돌과 흙

stage 1

- O× 퀴즈
- 있다없다 퀴즈
- 네모 퀴즈
- 사다리 퀴즈
- 왜?왜? 퀴즈

stage 2

- 집중탐구 퀴즈

암석이란? · 보석
광물의 굳기 · 광물의 쓰임
화산 · 화성암
현무암과 화강암 · 화강암
지층 · 퇴적암이란?
퇴적암의 특징 · 석회암
화석 · 화석과 퇴적암
화석 연료 · 생활 속 암석

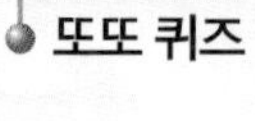

- 속담 퀴즈
- 또또 퀴즈

stage 3

집중탐구 퀴즈

stage 4

교과서 도전 퀴즈

OX 퀴즈

맞으면 ○, 틀리면 ×에 ○표 하는 거야. 이제 시작이라고!

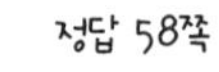

○ ······ 1 석고는 단단해서 잘 긁히지 않는다. ······ ×

○ ······ 2 화산으로 땅속의 마그마가 땅 위로 나온다. ······ ×

○ ······ 3 현무암에는 크고 작은 구멍이 있다. ······ ×

○ ······ 4 제주도는 섬 전체가 화강암으로 되어 있다. ······ ×

○ ······ 5 강의 하류에는 사암이나 이암으로 된 지층이 많다. ······ ×

○ ······ 6 석회암과 대리암은 모두 석회 물질로 되어 있다. ······ ×

○ ······ 7 운동장 흙이 화단 흙보다 알갱이가 더 크다. ······ ×

○ ······ 8 떨어진 나무 열매에 의해 바위가 부서진다. ······ ×

각 쪽을 잘 보고, 답을 맞춰 봐. 누가 더 많이 맞췄을까……

있다없다 퀴즈

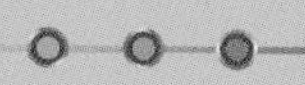

있을까? 없을까? 알쏭달쏭~~ 비밀의 문을 열어봐!

정답 59쪽

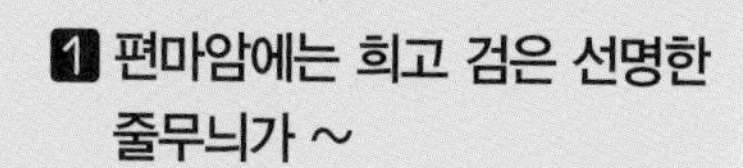

1 편마암에는 희고 검은 선명한 줄무늬가 ~

있다 없다

2 석고로 분필이나 깁스를 만들 수 ~

있다 없다

3 제주도에는 논이 ~

있다 없다

4 구부러지거나 끊어진 지층이 ~

있다 없다

5 변성암에는 일정한 방향의 줄무늬가 ~

있다 없다

6 우리가 별에 가면 걸어다닐 수 ~

있다 없다

60~61쪽 정답 1 ② 2 ② 3 ① 4 ② 5 ② 6 ② 7 ② 8 ②

네모 퀴즈

네모 안에 들어갈 말은 뭘까? 답은 둘중 하나!

정답 60쪽

1 지구의 겉은 ☐(으)로 둘러싸여 있다. ········ 암석 / 대기

2 현무암은 마그마가 ☐ 식었다. ········ 빨리 / 천천히

3 암석의 색은 ☐의 색에 따라 다르다. ········ 알갱이 / 물

4 진흙, 모래, 자갈이 쌓여 만들어진 것은 ☐이다. ········ 역암 / 사암

5 동식물의 ☐ 부분이 화석이 되기 쉽다. ········ 부드러운 / 딱딱한

6 암석이 돌고 도는 것을 암석의 ☐이라고 한다. ········ 순환 / 변환

7 땅속의 석탄이나 석유 같은 지하 자원을 찾기 위해서는 ☐의 구조를 연구해야 된다. ········ 지층 / 화석

8 우주 암석으로 행성의 ☐ 과정을 알 수 있다. ········ 오염 / 생성

56쪽 정답 1 × 2 ○ 3 ○ 4 × 5 ○ 6 ○ 7 ○ 8 ×

사다리 퀴즈

알쏭달쏭 수수께끼! 사다리를 타면 답이 나와.

정답 61쪽

1 잘 깨지지만 뜨거운 불에선 안 깨지는 것은?

2 깎으면 깎을수록 빛나는 것은?

3 어른이 되면 누구나 들어야 하는 것은?

4 가까이 가면 안 되는 벽은?

5 아무리 두꺼워도 안 보이는 것은?

6 들어갈수록 깜깜해지는 것은?

7 절대 남에게는 지지 않는 것은?

8 혼자 있으면 거칠지만 여럿이 있으면 부드러운 것은?

- 동굴
- 철
- 다이아몬드
- 유리
- 보석
- 절벽
- 모래
- 도자기

57쪽 정답 1 있다 2 있다 3 없다 4 있다 5 있다 6 없다

왜?왜? 퀴즈

왜? 왜 그럴까? 숨겨진 이유를 찾아봐.

정답 57쪽

● 왜 제주도에서는 돌하르방뿐 아니라 돌담도 현무암으로 만들까?

① 현무암이 단단해서
② 현무암이 아주 흔해서

● 왜 섬 전체가 현무암으로 이루어진 제주도는 평소에 물이 흐르는 하천이 없을까?

① 현무암이 물을 흡수해서
② 현무암 구멍으로 물이 빠져서

● 왜 지층은 자갈, 모래 등이 바닷가에 쌓여서 만들어지는데, 산에서도 발견될까?

① 바다 속 지층이 솟아서
② 바닷물이 말라 육지가 되어서

● 왜 강의 상류에는 울퉁불퉁한 역암층이 많을까?

① 쌓일 장소가 넓어서
② 자갈이 물에 잘 떠내려가지 않아서

58쪽 정답 1 암석 2 빨리 3 알갱이 4 역암 5 딱딱한 6 순환 7 지층 8 생성

왜 바위 틈에 스며든 물이 오랜 세월 얼었다 녹았다를 반복하면서 바위를 부술까?

① 흐르면서 바위를 씻어서
② 바위 틈이 넓었다 좁아졌다 해서

왜 주위에 커다란 나무가 자라면 암석이 잘 부서질까?

① 나뭇가지가 암석을 깎아서
② 나무뿌리가 틈을 벌려서

왜 황토로 집을 지으면 여름에는 시원하고 겨울에는 따뜻할까?

① 여름에는 찬 바람이 나오고 겨울에는 더운 바람이 나와서
② 습할 땐 습기를 흡수하고 건조할 땐 습기를 내보내서

왜 파도가 심한 바닷가에는 깎아지른 듯한 절벽이 많을까?

① 바닷가 생물들이 돌을 깎아서
② 파도에 밀린 자갈이 바닷가를 깎아서

59쪽 정답 1 도자기 2 보석 3 철 4 절벽 5 유리 6 동굴 7 다이아몬드 8 모래

stage 2 집중탐구 퀴즈

문제를 잘 읽고 맞는 것을 골라봐. 쉽지 않을걸!

암석이란?

1 지구는 흙이 있는 곳이나 물이 있는 곳을 조금만 파 들어가면 이것이 나와. 이건 뭘까?

① 암석 ② 화산 ③ 용암

2 지구의 땅과 바다 아래에는 암석이 있어. 땅과 바다 아래 있는 암석 중 어떤 암석이 더 두꺼울까?

① 땅 아래 암석
② 바다 아래 암석

3 땅속 깊이 들어가면 암석이 녹아 있기도 해. 이런 암석을 뭐라고 할까?

① 화산암 ② 마그마
③ 맨틀

보석

4 암석은 수많은 알갱이로 이루어져 있어. 그 중에서 빛깔이 곱고 광택이 나는 희귀한 알갱이를 뭐라고 할까?

① 보석 ② 결정 ③ 금속

5 암석에서 찾은 보석은 곧바로 장신구로 쓸 수 없어. 어떻게 해야 장신구로 쓸 수 있을까?

① 석유에 담가 색깔을 바꿔.
② 갈고 닦아서 반질거리게 해.

6 왜 보석은 마그마가 땅속에서 천천히 식어서 된 암석에 많이 들어 있을까?

① 알갱이가 밝은 색을 띠어야 해서
② 알갱이가 커져야 해서
③ 알갱이가 작아져야 해서

광물의 굳기

광물의 쓰임

7 석고는 분필이나 깁스를 만들 수 있는 암석 알갱이야. 얼마나 무를까?

① 손톱으로 긁혀.
② 손으로 누르면 들어가.
③ 바람이 불면 모양이 변해.

8 석고는 붉은 보석인 루비로 긁으면 긁혀. 루비와 석고 중 어느 것이 더 단단할까?

① 석고　② 루비
③ 둘 다 같아.

9 왜 다이아몬드는 장신구뿐만 아니라 다른 암석을 자르는 톱으로도 사용할까?

① 암석 알갱이 중 가장 거칠어서
② 암석 알갱이 중 가장 값싸서
③ 암석 알갱이 중 가장 단단해서

10 흑연은 검은색 암석 알갱이로 무르고 잘 쪼개져. 다음 중 흑연으로 만드는 것은 뭘까?

① 연필심　② 지우개
③ 염색제

11 항공모함의 겉을 둘러싼 강철은 이 암석의 철 알갱이로 만들어. 이 암석은 뭘까?

① 수은　② 철광석
③ 알루미늄

12 빨리 하늘을 날아야 하는 제트 비행기의 몸체는 어떤 암석 알갱이로 만들까?

① 빛이 나는 백금
② 잘 휘어지는 구리
③ 단단하고 가벼운 티타늄

정답과 해설은 뒤쪽에 있어.

암석이란?

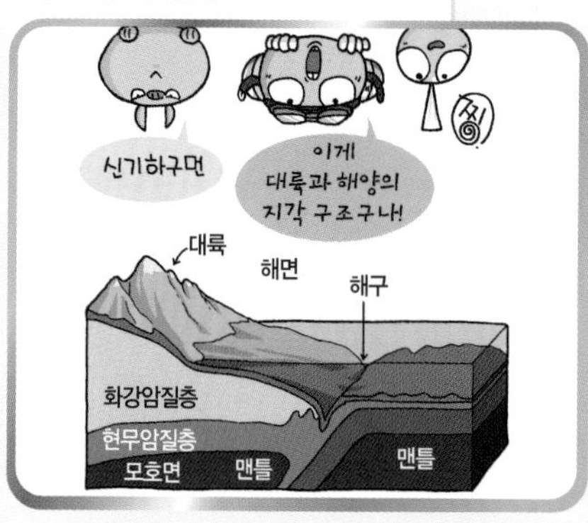

정답 1.① 2.② 3.②

지구의 겉은 단단한 암석으로 둘러싸여 있어요. 우리가 쉽게 볼 수 있는 암석은 돌과 바위예요. 지구는 육지뿐 아니라 바다 밑도 암석으로 되어 있어요. 육지 아래의 암석 두께는 약 35킬로미터이고, 바다 아래의 암석 두께는 약 6킬로미터예요.
모든 암석이 단단한 상태로 있는 건 아니에요. 깊은 땅속은 아주 뜨겁기 때문에 암석이 녹아 있기도 해요. 이렇게 녹아 있는 암석을 마그마라고 해요.

보석

정답 4.① 5.② 6.②

암석을 이루는 알갱이 중에서 다이아몬드, 에메랄드, 루비, 자수정처럼 단단하면서도 아름다운 빛깔과 광택을 내고, 희귀한 걸 보석이라고 해요. 보석을 장신구로 쓰기 위해서는 보석이 들어 있는 암석에서 불순물을 없애야 해요. 또 그 후 자르고 갈고 닦아서 겉을 빛나게 만들어야 해요.
보석은 화강암에서 많이 만들어져요. 여러 물질이 녹아 있는 마그마가 천천히 식어야 커다란 알갱이가 만들어지기 때문이에요.

광물의 굳기

정답 7.① 8.② 9.③

암석을 이루는 여러 알갱이를 광물이라고 해요. 광물은 저마다 무르고 굳은 정도가 달라요. 손톱, 쇠못, 유리 등으로 광물을 긁어 보면 얼마나 단단한지를 알 수 있어요. 분필을 만드는 석고는 손톱으로 긁힐 정도로 약해서 칠판에 묻어 나요.

루비로 불리는 강옥은 단단해서 칼에도 잘 긁히지 않아요. 광물 중에서 다이아몬드로 불리는 금강석이 가장 단단해요. 그래서 금강석으로 암석을 자르는 톱을 만들어요.

광물의 쓰임

정답 10.① 11.② 12.③

흑회색을 띠는 흑연은 손톱에 긁힐 정도로 물러서 잘 쪼개져요. 그래서 연필심으로 만들어 깎아 써요.

우리가 사용하는 광택이 있는 금속은 대부분 암석에서 찾아내요. 암석 알갱이인 철광석에는 철이 들어 있어요. 그래서 자석을 갖다 대면 붙어요. 철광석에서 뽑아 낸 철은 강철이나 철근을 만들어 항공모함이나 집을 지을 때 뼈대로 사용해요.

제트 비행기는 단단하고 가벼운 암석 알갱이인 티타늄으로 만들어요.

62-63쪽 정답이야.

집중탐구 퀴즈

문제를 잘 읽고 맞는 것을 골라봐. 쉽지 않을걸!

화산

화성암

13 땅속 마그마는 땅 위로 흘러 나오기도 해. 언제 흘러나올까?

① 산사태가 날 때
② 지진이 일어날 때
③ 화산이 폭발할 때

14 화산이 폭발할 때 땅 위로 흘러 나온 마그마는 다른 이름으로 불려. 뭐라고 부를까?

① 화산재 ② 화산탄
③ 용암

15 붉고 아주 뜨거운 용암은 주위를 태우며 강처럼 흘러. 이런 용암이 식으면 무엇이 될까?

① 고운 흙 ② 단단한 암석
③ 반짝이는 유리

16 화성암은 불이 만들어 낸 암석이라는 뜻이야. 다음 중 화성암에 속하는 것은 뭘까? (답은 2개)

① 화강암 ② 현무암
③ 역암

17 땅 위의 뜨거운 용암이 식은 현무암엔 작은 구멍이 수없이 많아. 왜 그럴까?

① 물이 빠져나가서
② 찬 공기가 암석에 들어와서
③ 가스가 빠져나가서

18 마그마가 굳어진 화강암은 용암이 굳어진 현무암보다 만들어지는 데 시간이 오래 걸려. 왜 그럴까?

① 땅 밖에서 식어서
② 땅속에서 식어서

현무암과 화강암

화강암

19 왜 용암이 식은 현무암보다는 마그마가 식은 화강암의 알갱이가 더 클까?

① 마그마 속에 큰 알갱이가 많아서
② 땅속의 다른 알갱이와 섞여서
③ 땅속에서 천천히 식어서

20 같은 크기의 현무암과 화강암의 무게를 재면 현무암이 더 가벼워. 왜 그럴까?

① 알갱이가 가벼워서
② 가스가 빠져나가서
③ 물이 빠져나가서

21 화강암은 석영 같은 밝은 색 알갱이가 많아서 밝아. 현무암은 다음 중 어떤 알갱이가 많아서 어두울까? (답은 2개)

① 감람석 ② 장석
③ 휘석

22 서울의 북쪽에 있는 북한산은 화강암으로 이루어진 산이야. 화강암 산의 특징은 뭘까?

① 동물이 잘 살아.
② 나무가 많아. ③ 암석이 밝아.

23 화강암은 흰 바탕에 반짝이는 검은 색 알갱이가 있어서 아름다워. 다음 중 화강암으로 뭘 만들면 좋을까?

① 날카로운 칼 ② 평평한 지붕
③ 아름다운 조각품

24 화강암은 열에 강하고 단단해. 다음 중 이런 화강암으로 뭘 만들면 좋을까?

① 목걸이 ② 돌다리나 집
③ 농기구나 무기

정답과 해설은 뒤쪽에 있어.

집중탐구 퀴즈 정답 & 해설

화산

정답 13. ③ 14. ③ 15. ②

화산은 땅속에서 생긴 마그마가 땅 위의 약한 틈으로 흘러나오며 만들어진 산이에요. 화산이 폭발하면 용암과 가스, 화산재 등이 쏟아져 나와요. 땅속의 마그마가 땅 위로 나오면 이름을 용암으로 바꿔 불러요. 화산 폭발이 멈추면 용암이 나오던 자리에는 분화구가 생겨요.

아주 뜨겁고 빨간 용암은 땅 위에서 식어요. 먼저 겉에 두꺼운 껍질 같은 것이 생긴 다음 안쪽이 식으면서 단단한 암석이 돼요.

화성암

정답 16. ①, ② 17. ③ 18. ②

불이 만들어 낸 암석이라는 뜻을 가진 화성암(化成岩)에는 화강암(花崗岩)과 현무암(玄武岩)이 속해요. 용암이 식어서 된 현무암에는 크고 작은 구멍이 있어요. 이 구멍들은 마그마에 들어 있는 여러 가지 가스가 땅으로 나올 때 빠져나가 생겨요.

화강암은 땅속 깊은 곳에 있는 마그마가 식은 암석이라 현무암보다 천천히 만들어져요. 땅속에서 만들어진 화강암은 오랫동안 천천히 땅이 솟아오르면서 땅 위로 나와요.

현무암과 화강암

화강암

정답 19. ③ 20. ② 21. ①, ③

화강암을 이루는 알갱이는 커요. 마그마가 땅속에서 천천히 식으며 굳어져 커다란 알갱이가 생겼기 때문이에요. 하지만 현무암은 빨리 식어서 알갱이 모양을 갖출 수 없었어요. 또 현무암은 만들어질 때 가스가 많이 빠져나가서 화강암보다 가벼워요.
암석의 색은 알갱이 색에 따라 달라요. 화강암에는 석영이나 장석 같은 밝은 알갱이가 많아서 밝고, 현무암에는 감람석이나 휘석 같은 어두운 알갱이가 많아서 어두워요.

정답 22. ③ 23. ③ 24. ②

화강암은 땅속 깊은 곳에서 만들어진 후, 아주 오랫동안 천천히 땅이 솟아 올라와서 산이 돼요. 북한산, 설악산 등은 화강암으로 이루어진 산이에요. 화강암으로 된 산은 색이 밝아요. 또 석굴암도 화강암으로 만들어졌어요.
우리나라 전체 암석의 30퍼센트가 화강암이에요. 화강암은 흔하기도 하지만, 색이 밝고 아주 단단하기 때문에 아름다운 조각 작품을 만들 때나 튼튼한 다리, 집을 지을 때 많이 사용해요.

66-67쪽 정답이야.

집중탐구 퀴즈

문제를 잘 읽고 맞는 것을 골라봐. 쉽지 않을걸!

지층

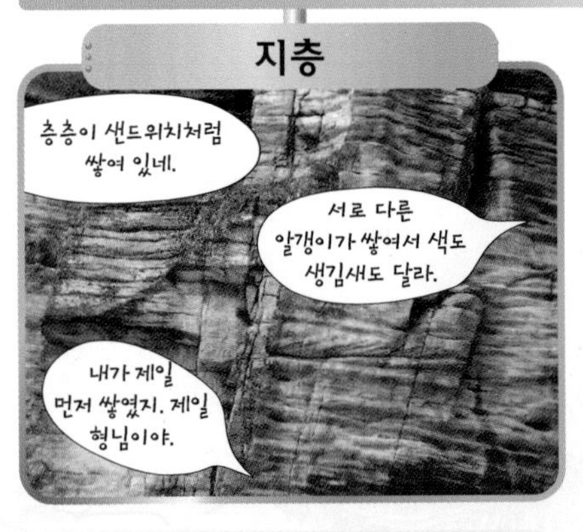

퇴적암이란?

25 바닷가 절벽을 보면 암석이 겹겹이 쌓여 시루떡처럼 보이는 지층이 있어. 왜 층이 생겼을까?

① 여러 종류의 암석이 쌓여서
② 바람이 불 때 암석을 깎아서

26 지층은 암석이 층층이 오랫동안 쌓여서 만들어져. 지층에서 가장 먼저 쌓인 부분은 어디일까?

① 윗부분 ② 중간 부분
③ 아랫부분

27 땅이 움직여서 지층이 끊어진 것을 단층이라고 해. 그럼 지층이 구부러지는 것을 뭐라고 할까?

① 융기 ② 침식
③ 습곡

28 지층을 이루며 자갈, 모래, 진흙으로 이루어진 암석을 퇴적암이라고 해. 퇴적은 무슨 뜻일까?

① 쌓였다는 뜻 ② 눌렸다는 뜻
③ 뭉쳤다는 뜻

29 이암은 만지면 부드럽고 알갱이가 아주 작아서 잘 보이지 않아. 이암은 무엇이 쌓인 암석일까?

① 진흙 ② 모래 ③ 자갈

30 사암은 모래가 쌓여서 만들어진 암석이야. 사암은 어떻게 생겼을까?

① 매끄럽고 작은 알갱이가 있어.
② 거칠고 작은 알갱이가 있어.
③ 울퉁불퉁하고 큰 알갱이가 있어.

퇴적암의 특징

석회암

31 역암은 어떻게 생겼을까?

① 알갱이가 작고 부드러워.
② 구멍이 숭숭 나 있어.
③ 크고 작은 알갱이가 섞여 있고 울퉁불퉁해.

32 바다에서 많이 만들어지는 투명하고 각이 진 암염은 이것이 쌓인 암석이야. 이것은 무엇일까?

① 소금　② 유리
③ 다이아몬드

33 화산이 폭발할 때 나오는 화산재나 화산진과 같은 화산 분출물이 쌓여서 만들어진 암석은 무엇일까?

① 현무암　② 화강암
③ 응회암

34 이 암석은 동물의 뼈에 들어 있는 석회 물질이 쌓여서 만들어져. 이 암석은 뭘까?

① 응회암　② 암염
③ 석회암

35 석회 동굴이 많은 곳에는 동굴이 무너져 내리면서 땅이 움푹 파여. 이렇게 땅이 움푹 팬 지형을 뭐라고 할까?

① 리아스식 지형
② 카르스트 지형

36 산호초는 따뜻한 바다에 사는 산호가 죽은 후에 이 물질이 쌓여 만들어진 암석이야. 이것은 뭘까?

① 소금　② 화산재
③ 동물뼈에 들어 있는 석회 물질

정답과 해설은 뒤쪽에 있어.

지층

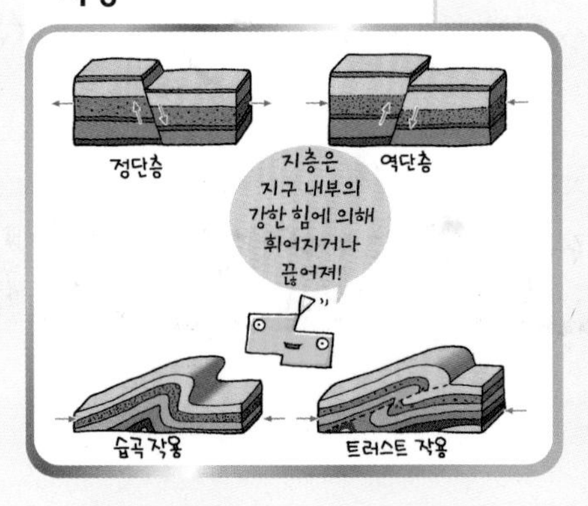

퇴적암이란?

정답 25. ① 26. ③ 27. ③

지층(地層)은 여러 암석이 쌓여서 시루떡처럼 겹겹이 층을 이루고 있어요. 지층은 알갱이의 종류에 따라 색이나 생김새가 달라져요.
지층은 아랫부분부터 윗부분으로 점점 쌓여 만들어져요. 그래서 아래에 있는 지층일수록 오래된 지층이에요.
지층은 수평으로 나란한 것도 있고, 땅이 움직여서 구부러진 것도 있고, 끊어진 것도 있어요. 구부러진 지층은 습곡이고, 끊어진 지층은 단층이에요.

정답 28. ① 29. ① 30. ②

퇴적은 많이 덮여 쌓였다는 뜻이에요. 그래서 진흙, 모래, 자갈 같은 알갱이들이 오랫동안 쌓여 만들어진 암석을 퇴적암(堆積岩)이라고 해요.
진흙이 쌓여서 생긴 퇴적암은 진흙 '니(泥)' 자를 써서 이암(泥岩)이라고 해요. 이암은 색깔이 밝고 모서리가 둥글며 알갱이가 작아요.
모래가 쌓여 생긴 사암(沙巖)은 거칠거칠하고 모가 나 있어요. 모래알갱이 색깔에 따라 사암 색깔도 여러 가지예요.

퇴적암의 특징

석회암

정답 31. ③ 32. ① 33. ③

역암(礫岩)은 진흙, 모래, 자갈이 쌓여 만들어져요. 역암은 아주 거칠고, 자갈, 모래, 진흙의 색깔이 섞여 있어요. 또 울퉁불퉁하고 자갈이 드러나 있어요. 알갱이는 자갈처럼 큰 것과, 모래만큼 작은 것, 진흙처럼 작아 보이지 않는 것도 있어요.
암염(岩鹽)은 소금이 쌓인 암석으로, 투명하고 각이 져 있어요. 응회암(凝灰巖)은 화산이 폭발하면 나오는 화산재나 화산진과 같은 화산 분출물이 쌓여서 만들어진 암석이에요.

정답 34. ③ 35. ② 36. ③

석회암은 석회 물질이 많은 조개나 산호 같은 바다 동물이 죽어 두껍게 쌓인 암석이에요.
석회 동굴은 석회암이 지하수에 녹으면서 만들어진 동굴이에요. 석회 동굴이 많은 곳에는 동굴이 무너져 내리며 땅이 움푹 파이는 '돌리네'가 만들어져요. 이런 돌리네가 많은 곳을 카르스트 지형이라고 해요.
산호초는 죽은 산호의 석회 물질이 쌓인 섬이에요. 산호가 사는 열대의 따뜻한 바다에 많아요.

70~71쪽 정답이야.

집중탐구 퀴즈

문제를 잘 읽고 맞는 것을 골라봐. 쉽지 않을걸!

화석

화석과 퇴적암

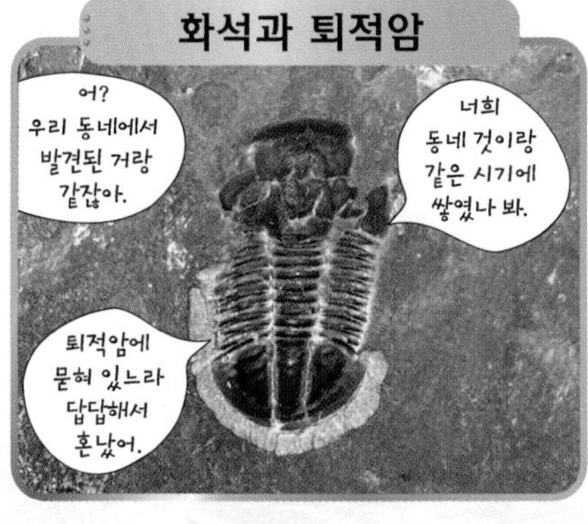

37 암석에서 오래 전에 죽은 물고기 뼈 흔적을 발견했어. 이렇게 암석 속에서 발견한 동식물이나 흔적을 뭐라고 할까?

① 표본 ② 화석
③ 박제

38 다음 중 화석은 무엇일까?

① 공룡 발자국, 공룡 알
② 고인돌, 돌도끼
③ 사람이 바위에 새긴 그림

39 화석은 뼈나 조개껍데기처럼 동물의 단단한 부분으로 만들어져. 왜 그럴까?

① 모양이 예뻐서
② 색이 진해서
③ 쉽게 썩지 않아서

40 화석은 죽은 동물 위에 흙 알갱이가 쌓인 뒤 굳어서 만들어져. 화석은 어떤 암석에서 발견될까?

① 화성암 ② 변성암
③ 퇴적암

41 아무리 단단한 뼈도 화성암에서는 화석이 될 수 없어. 왜 그럴까?

① 마그마에 부패되어서
② 마그마가 식을 때 쪼개져서
③ 뜨거운 마그마에 녹아서

42 서로 멀리 떨어진 두 지층에서 같은 공룡 화석이 나왔어. 왜 그럴까?

① 지층이 같은 알갱이로 되어서
② 지층이 같은 시대에 쌓여서
③ 지층의 높이가 같아서

화석 연료

43 화석은 아니지만 화석처럼 동식물이 쌓여 만들어져 연료로 쓰이는 것이 있어. 이것은 뭘까?

① 공룡 똥 화석 ② 석탄과 석유
③ 조개껍데기 화석

44 석유는 특히 어디에 있는 퇴적암층에서 많이 발견될까?

① 높은 산 ② 좁고 긴 해구
③ 육지 근처 얕은 바다 속의 평탄한 대륙붕

45 검은 황금이라고 불리는 석탄과 석유는 왜 검은색을 띨까?

① 동식물이 썩어 탄소 성분만 남아서
② 땅속의 온도가 높아 타 버려서

생활 속 암석

46 납석으로 만든 돌솥은 보통 냄비보다 어떤 점이 좋을까? (답은 2개)

① 열이 골고루 퍼져.
② 공기가 잘 빠져나가.
③ 온도가 쉽게 내려가지 않아.

47 곡물을 가는 맷돌은 구멍이 숭숭 뚫린 현무암으로 만들어. 왜 그럴까?

① 가벼워서 ② 거칠어서
③ 열이 잘 빠져서

48 가벼워서 자동차의 몸체를 만들기도 하고, 얇게 펼 수 있어서 주방용 호일을 만들기도 하는 이 광물은 뭘까?

① 알루미늄 ② 텅스텐
③ 철

정답과 해설은 뒤쪽에 있어.

화석

화석과 퇴적암

정답 37. ② 38. ① 39. ③

화석은 옛날에 살았던 동물이나 식물이 죽어서 암석에 들어 있거나 그 흔적이 남아 있는 걸 말해요. 동식물 시체뿐 아니라 동물 발자국, 동물의 똥, 알 등도 모두 화석이에요. 하지만 사람들이 만든 그릇이나 무덤, 바위에 그린 그림, 진흙에 난 신발 자국은 화석이 아니에요.
동식물의 부드러운 부분은 금방 썩기 때문에 화석이 되기 어려워요. 동물의 뼈같이 단단한 부분이 화석으로 남아요.

정답 40. ③ 41. ③ 42. ②

화석은 지층이 만들어질 때 생기기 쉬워요. 화석은 동식물이 많은 열대 지방이나 온대 지방에서 많이 만들어져요. 또 자갈, 모래, 진흙이 쉽게 쌓이는 물속에 지층이 많이 만들어져 물속에서 화석이 가장 많이 발견돼요.
화성암에서는 화석을 찾을 수 없어요. 마그마가 너무 뜨거워 동식물이 모두 녹기 때문이에요.
멀리 떨어진 지층이라도 같은 시대에 쌓였다면 같은 화석이 발견돼요.

화석 연료

<석유가 만들어지는 과정>

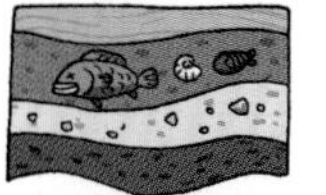

① 죽은 바다 생물이 진흙이나 모래에 묻혀요.

② 산소가 없어지고 높은 열과 압력을 받으면 석유가 돼요.

<석탄이 만들어지는 과정>

① 식물의 시체가 강이나 늪 바닥에 가라앉아요.

② 식물의 시체가 높은 열과 압력을 받아 석탄이 돼요.

정답 43. ② 44. ② 45. ①

석탄과 석유는 화석처럼 만들어져서 화석 연료라고 해요. 식물이 땅속에 묻힌 뒤 그 위로 두꺼운 지층이 쌓이고 열과 압력을 받으면 석탄이 되고, 동식물이 쌓여 열과 압력을 받으면 석유가 돼요. 석탄과 석유는 퇴적암층에서 발견되는데, 특히 석유는 육지와 이어진 얕은 바다인 대륙붕에 많아요.

석탄과 석유는 모두 검은색이에요. 동식물이 썩어 분해되면서 물이나 이산화탄소는 빠져나가고 검은 탄소만 남기 때문이에요.

생활 속 암석

정답 46. ①, ③ 47. ③ 48. ①

돌솥은 납석으로 만든 작은 솥이에요. 돌솥은 열이 골고루 퍼지고 온도가 쉽게 내려가지 않아서 밥을 맛있게 지을 수 있어요.

맷돌을 돌리면 두 돌이 마찰을 일으켜 열이 생겨요. 현무암으로 맷돌을 만들면 현무암 구멍으로 열이 빠져나가 곡물이 변질되는 걸 막아요.

알루미늄은 암석을 이루는 알갱이로 가볍고 얇게 펼 수 있어서 자동차의 몸체와 주방에서 쓰는 호일 등으로 만들어요.

74-75쪽 정답이야.

속담 퀴즈 열쇠를 찾아봐. 속담이 보일 거야.

귀가 ☐☐이다.

➜ 전혀 듣지 못하거나 세상 소식에 어둡다.

정신을 가다듬으면 ☐☐라도 뚫는다.

➜ 하고자 결심만 하면 못 해낼 일이 없다.

한강에 ☐ 던지기

➜ 지나치게 미미하여 전혀 성과가 없다.

☐☐에서 금강석을 찾는다.

➜ 구하기가 매우 힘든 것을 찾는다.

옥은 ☐에 묻혀도 옥이다.

➜ 아무리 험한 곳에 놓여도 좋은 성질은 변하지 않는다.

돌 사막 흙

바위 절벽

또또 퀴즈

정답 125쪽

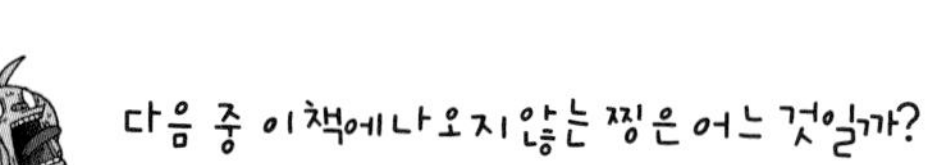

❶ 

❷ 

❸ 

❹ 

❺ 

또또 퀴즈~정말 재미있다. 어디 어디 숨었을까?

stage 3 집중탐구 퀴즈

문제를 잘 읽고 맞는 것을 골라봐. 쉽지 않을걸!

변성암이란?

변성암의 생성

49 변성암은 암석의 성질이 변해서 만들어진 암석이야. 암석의 성질을 변하게 하는 건 뭘까?

① 열과 압력 ② 바람
③ 물

50 암석의 알갱이는 높은 열과 압력을 받아 변해. 어떻게 변할까? (답은 2개)

① 색이 달라져. ② 가루가 돼.
③ 크기가 커지거나 다른 알갱이로 변해.

51 변성암에는 일정한 방향으로 줄무늬가 나 있어. 왜 그럴까?

① 알갱이가 흘러내려서
② 알갱이가 터져서
③ 알갱이가 옆으로 퍼져서

52 다음 중 어떤 곳에서 변성암이 많이 생길까?

① 해일이 일어나는 곳
② 산맥이 만들어지는 곳
③ 화산이 폭발하는 곳

53 암석은 뜨거운 열에 성질이 변해. 다음 중 성질이 변하기 쉬운 암석은 뭘까?

① 물이 흐르는 강에 있는 암석
② 바람이 부는 산에 있는 암석
③ 깊은 땅속 마그마 주변의 암석

54 왜 진흙이 쌓여서 만들어진 이암은 편암이나, 편마암으로 변하기도 할까?

① 열과 압력을 받은 정도가 달라서
② 열과 압력을 받은 장소가 달라서
③ 열과 압력을 받은 횟수가 달라서

변성 전과 후 1

변성 전과 후 2

55 모래가 쌓여서 만들어진 사암은 못에 잘 긁혀. 그럼 사암이 변한 규암은 못에 잘 긁힐까?

① 응, 규암도 잘 긁혀.
② 아니, 규암은 잘 안 긁혀.

56 화강암이 변한 편마암에는 진한 줄무늬가 있어. 화강암에도 줄무늬가 있을까?

① 그럼, 줄무늬가 있어.
② 아니, 줄무늬가 없어.

57 점판암은 진흙이 쌓인 이암이 변한 암석으로, 지붕을 이는 데 써. 왜 그럴까?

① 무거워서
② 색이 아름다워서
③ 잘 쪼개져서

58 대리암은 석회암이 열과 압력을 받아 변한 변성암이야. 대리암과 석회암의 같은 점은 뭘까?

① 석회 물질로 되어 있어.
② 알갱이의 크기가 같아.

59 대리암은 장식용 건축재나 조각품에 쓰여. 왜 그럴까? (답은 2개)

① 빛깔이 아름다워서
② 무거워서
③ 물과 바람에 쉽게 깎여서

60 대리암으로 만들어진 인도의 타지마할은 훼손되고 있어. 왜 그럴까?

① 벌레가 갉아 먹어서
② 산성비에 녹아서
③ 더운 날씨에 녹아서

정답과 해설은 뒤쪽에 있어.

변성암이란?

변성암의 생성

정답 49. ① 50. ①, ③ 51. ③

깊은 땅속에 있는 암석이 높은 열과 압력을 받으면 성질과 모양이 다른 암석으로 변하는데, 이런 암석을 변성암(變成岩)이라고 해요. 암석이 열과 압력을 받으면 암석의 알갱이는 완전히 다른 알갱이로 변하기도 하고 크기가 커지기도 해요.
암석을 이루는 여러 알갱이는 압력을 받으면 옆으로 찌그러지며 줄무늬를 만들어요. 이 줄무늬는 변성암에서 나타나는 독특한 구조로 '편리' 라고 해요.

정답 52. ② 53. ③ 54. ①

지층은 쌓이면서 땅속으로 가라앉기도 하고 솟기도 해요. 이 때 암석은 열과 압력을 받아 변성암으로 변해요. 마그마는 식을 때 열을 내뿜으며 주변 암석의 성질을 변하게 해요. 이렇게 변한 것이 규암과 대리암이에요.
변성암은 원래 암석의 종류와 열과 압력을 받은 정도에 따라 구분해요. 이암이 열과 압력을 받으면 편암으로 변하고, 편암이 열과 압력을 더 받으면 편마암으로 변해요.

변성 전과 후 1

변성 전과 후 2

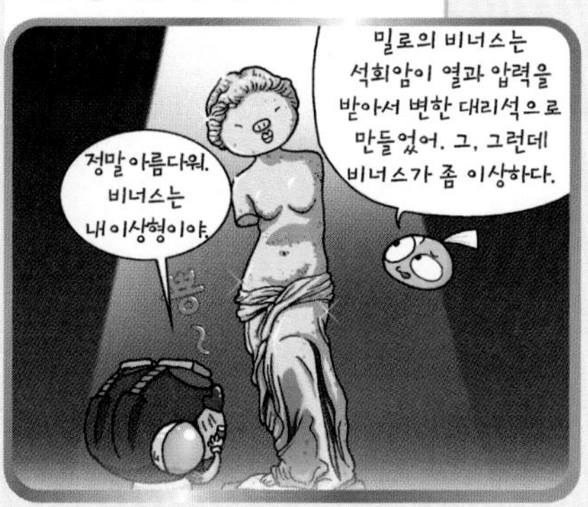

정답 55. ② 56. ② 57. ③

퇴적암은 화성암에 비해 단단하진 않지만, 압력을 받아 변하면 단단해져요. 그래서 사암은 못에 잘 긁히지만, 사암이 압력에 눌려 단단해진 규암은 잘 안 긁혀요.

화강암이 변한 편마암에는 희고 검은 선명한 줄무늬가 있어서 정원을 꾸미는 데 많이 쓰여요.

이암이 변한 점판암은 얇은 판 모양으로 쪼개지며 물을 잘 빨아들이지 않는 성질이 있어요. 그래서 지붕기와, 벼루, 온돌로 쓰여요.

정답 58. ① 59. ①, ③ 60. ②

대리암은 석회 물질이 쌓인 석회암이 열과 압력을 받아 변한 암석이에요. 석회암과 대리암은 모두 석회 물질로 되어 있어요.

대리암은 부드럽고 색이 아름답지만, 물과 바람에 약해 집의 겉면을 짓는 재료로는 잘 쓰이지 않고, 조각 작품이나 장식용 건축 재료로 쓰여요.

타지마할은 대리암으로 지었어요. 대리암의 탄산칼슘은 산성비에 잘 녹아서, 타지마할은 산성비에 녹아 훼손되고 있어요.

80-81쪽 정답이야.

집중탐구 퀴즈

문제를 잘 읽고 맞는 것을 골라봐. 쉽지 않을걸!

암석의 순환 1

암석의 순환 2

61 **사람은 나이가 들면서 주름이 지고 머리가 하얗게 변해. 암석도 모습이 변할까?**

① 그럼, 암석도 모습이 바뀌어.
② 아니, 모습이 바뀌지 않아.

62 **현무암은 열과 압력을 받아서 녹색 편암으로 변해. 이렇게 변한 녹색편암은 다시 현무암으로 변할 수 있을까?**

① 그럼, 녹아서 식으면 돼.
② 아니, 다시 바뀌지 않아.

63 **사암은 열을 받아 규암이 되고, 규암은 녹아서 식어 화강암이 돼. 화강암은 깎여서 쌓여 사암이 돼. 이렇게 암석이 끊임없이 변하는 걸 뭐라고 할까?**

① 일생 ② 풍화 ③ 순환

64 **화강암은 사암으로 변할 수 있어. 어떻게 변할까?**

① 뜨거운 열과 압력을 받아서
② 식고 굳어서
③ 깎이고 쌓여서

65 **이암은 뜨거운 열과 압력을 받으면 변해. 다음 중 어떤 암석으로 변할까?**

① 점판암 ② 대리암
③ 규암

66 **변성암이 녹으면 마그마가 돼. 마그마가 식으면 무엇이 될까?**

① 화성암 ② 퇴적암
③ 변성암

부서진 암석

67 **식물은 흙속에 뿌리를 내리고 살고, 동물은 흙이 덮인 땅에서 살아가. 흙은 어떻게 생길까?**

① 나무껍질이 잘게 쪼개져서
② 암석이 잘게 부서져서

68 **암석이 잘게 부서지면 흙이 만들어져. 다음 중 바위를 부수는 건 뭘까? (답은 2개)**

① 물과 바람 ② 식물의 뿌리
③ 떨어진 나무 열매

69 **이 암석은 이산화탄소가 들어 있는 지하수에 녹아 흙이 되기도 해. 이 암석은 뭘까?**

① 이암 ② 사암
③ 석회암

여러 가지 흙 1

70 **왜 운동장 흙은 물에 적시면 잘 뭉쳐지지 않는데, 화단 흙은 잘 뭉쳐질까?**

① 화단 흙이 크고 거칠어서
② 화단 흙이 울퉁불퉁해서
③ 화단 흙이 곱고 부드러워서

71 **왜 화단 흙에 물을 부으면 물이 잘 빠지지 않는데, 운동장 흙은 물이 잘 빠질까?**

① 알갱이가 작아서
② 알갱이가 커서
③ 알갱이가 고와서

72 **왜 화단 흙에서는 식물이 잘 자라는데, 운동장 흙에서는 잘 자라지 못할까?**

① 흙이 금방 말라서
② 흙에서 냄새가 나서
③ 흙이 질어서

정답과 해설은 뒤쪽에 있어.

집중탐구 퀴즈 정답 & 해설

암석의 순환 1

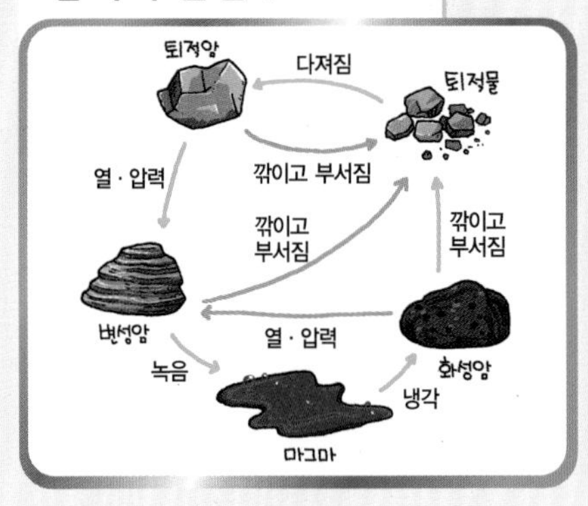

정답 61. ① 62. ① 63. ③

사람이 나이가 들면 주름이 지고 흰 머리가 생기는 것처럼 단단한 암석도 다른 암석으로 변할 수 있어요. 현무암은 열과 압력을 받아 녹색편암으로 변해요. 녹색편암이 녹아서 식어 굳으면 다시 현무암으로 변할 수 있어요. 또 사암은 열을 받아 규암으로 변하고, 규암은 녹아서 땅속에서 식어 화강암으로 변해요. 화강암이 깎여 모래가 돼 쌓이면 다시 사암으로 변해요. 이렇게 암석이 돌고 도는 것을 암석의 순환이라고 해요.

암석의 순환 2

정답 64. ③ 65. ① 66. ①

암석은 처음 만들어진 대로 있는게 아니라 바뀌어요. 화강암도 물과 바람에 깎이고, 깎인 알갱이가 쌓이면 사암 같은 퇴적암으로 바뀔 수 있어요. 이암은 높은 열과 압력을 받으면 점판암으로 변할 수 있어요.
변성암이 깊은 땅속에서 높은 열을 받으면 녹아서 마그마가 돼요. 이 마그마는 땅속에서 식어 암석이 되거나, 땅 위 틈으로 솟아 암석이 돼요. 즉, 변성암이 녹아서 마그마가 되었다가 다시 식어 화성암이 돼요.

부서진 암석

정답 67. ② 68. ①, ② 69. ③

암석이 부서지면 돌, 모래, 흙이 만들어져요. 그래서 암석의 색깔과 돌, 모래, 흙의 색깔이 비슷해요.

암석은 오랜 시간 물과 바람, 식물의 뿌리 등에 부서져 돌이 되고, 돌은 더 잘게 부서져 모래가 돼요. 그리고 모래가 부서지면 흙이 돼요.

석회암의 경우 지하수에 의해 흙이 되기도 해요. 지하수에 들어 있는 이산화탄소가 석회암의 석회 물질을 녹이기 때문이에요.

여러 가지 흙 1

정답 70. ③ 71. ② 72. ①

운동장 흙과 화단 흙은 다른 점이 많아요. 운동장 흙은 흙 알갱이가 크고 거칠어서 잘 뭉쳐지지 않지만, 화단 흙은 흙 알갱이가 작고 부드러워서 잘 뭉쳐져요.

운동장 흙과 화단 흙에 물을 부어 보면 운동장 흙의 물이 빨리 빠져요. 운동장 흙의 알갱이가 더 크기 때문이에요.

물이 빨리 빠지는 흙은 금방 말라요. 그래서 식물이 필요한 물을 빨아들이지 못해 잘 자라지 못해요.

84-85쪽 정답이야.

집중탐구 퀴즈

문제를 잘 읽고 맞는 것을 골라봐. 쉽지 않을걸!

여러 가지 흙 2

식물과 흙

73 화단 흙과 운동장 흙을 컵에 넣고 물을 부으면 화단 흙 쪽 컵이 더 뿌옇게 돼. 왜 그럴까?

① 흙에 거름기가 있어서
② 흙 알갱이가 작아서

74 화단 흙에는 거름기가 있어서 식물이 잘 자라. 화단 흙의 거름기는 어떻게 만들어졌을까?

① 거름기 있는 바위가 부서져서
② 식물이나 동물 똥이 썩어서

75 화단 흙엔 이 성분이 들어 있어서 운동장 흙보다 붉어. 이 성분은 뭘까?

① 철분
② 수분
③ 질산

76 모질물은 암석 조각이 많은 흙이야. 그럼 동식물이 썩은 물질이 많아 식물이 잘 자라는 흙은 뭘까?

① 부식토 ② 기반암
③ 심토

77 광물질이 풍부해서 뿌리 채소가 잘 자랄 수 있는 심토는 어떻게 만들어졌을까?

① 모질물의 암석 조각이 부서져서
② 표토에서 분해된 물질이 아래로 쌓여서

78 식물은 공기가 잘 통하고 물기가 넉넉한 흙에서 더 잘 자라. 어떻게 하면 이런 흙을 만들 수 있을까?

① 밭갈이를 해. ② 거름을 줘.
③ 농약을 뿌려.

갯벌

모래

79 진흙으로 이루어져 질퍽질퍽하고 갯지렁이가 많이 사는 갯벌은 어떤 갯벌일까?

① 혼성 갯벌　② 펄갯벌
③ 하구역 갯벌

80 갯벌은 육지의 오염 물질이 바다로 들어가지 않게 해. 어떻게 할까?

① 흙이 오염 물질을 흡수해.
② 돌이 오염 물질을 흡수해.
③ 미생물이 오염 물질을 없애.

81 갯벌에 사는 갯지렁이는 흙속에 굴을 파고 살아. 이렇게 흙속에 동물이 있으면 어떤 점이 좋을까?

① 흙에 영양분이 생겨.
② 흙속에 산소가 들어가.

82 이 성분이 많이 들어 있는 모래는 색깔이 밝아. 이 성분은 뭘까?

① 감람석　② 석영
③ 휘석

83 모래와 석회암, 소다재를 이용해서 유리를 만들 수 있어. 어떻게 만들까?

① 재료를 섞고 뜨겁게 끓여서
② 재료를 섞고 기름에 담가서
③ 재료를 섞고 차갑게 얼려서

84 아파트는 모래에 시멘트와 자갈을 섞은 이것으로 지어. 이것은 뭘까?

① 알루미늄　② 강철
③ 콘크리트

정답과 해설은 뒤쪽에 있어.

여러 가지 흙 2

정답 73. ① 74. ② 75. ①

컵에 화단 흙과 운동장 흙을 각각 담고 물을 부어 보면, 화단 흙이 담긴 컵이 더 뿌옇고 물 위에 뜨는 것도 많아요. 화단 흙에 거름기가 많기 때문이에요.

화단 흙에는 철분이 많이 들어 있어요. 그래서 운동장 흙보다 색이 붉어요.

화단 흙에는 동식물이 많이 살아요. 이 동식물이 죽어서 썩으면 흙에 거름기가 생겨요. 화단의 식물들은 다시 이 거름기를 먹고 더 잘 자라게 돼요.

식물과 흙

정답 76. ① 77. ② 78. ①

흙은 기반암, 모질물, 심토, 표토, 부식토 순으로 쌓여 있어요. 기반암은 흙을 만드는 암석 덩어리예요. 모질물에는 기반암이 부서진 조각이 많아요. 심토는 토양 미생물이 많은 표토에서 분해된 물질이 아래로 쌓여서 만들어져요. 표토 위에 있는 부식토는 표토에 동물의 똥이 섞인 흙으로, 식물이 잘 자라요.

식물은 공기가 잘 통하고 물기가 넉넉한 흙에서 잘 자라요. 땅속의 지렁이는 척박한 흙도 식물이 잘 자랄 수 있는 흙으로 만들어요.

갯벌

정답 79. ② 80. ③ 81. ②

강물에 실려 온 육지의 흙은 바닷가에 쌓여요. 여기에 바닷물에 실려 온 흙과 영양 물질이 함께 쌓여 갯벌이 만들어져요. 모래로 이루어진 모래갯벌에는 조개가 많이 살고, 펄갯벌에는 갯지렁이나 게가 많이 살아요.

갯벌에 있는 미생물들은 오염 물질을 잘게 쪼개서 바닷물을 깨끗하게 해요. 미생물이 살아가려면 산소가 필요한데, 갯지렁이 같은 갯벌 동물이 흙속을 돌아다니며 흙속에 산소가 잘 들어가게 해 줘요.

모래

정답 82. ② 83. ① 84. ③

모래는 들어 있는 알갱이의 종류에 따라 색이 결정돼요. 밝은 석영 알갱이가 많은 모래는 색이 밝아요. 자철석이나 티탄철석 알갱이가 많은 모래인 흑사는 색이 어두워요.

모래에 석회암, 소다재를 섞어 유리를 만들어요. 이들 재료를 섞어 끓여서 액체로 만든 뒤 원하는 틀에 부으면 유리 제품이 완성돼요.

건물을 지을 때 쓰는 콘크리트는 시멘트와 자갈과 함께 모래를 섞어 만들어요. 모래가 들어가야 콘크리트가 단단하게 굳기 때문이에요.

88-89쪽 정답이야.

집중탐구 퀴즈

문제를 잘 읽고 맞는 것을 골라봐. 쉽지 않을걸!

흙의 오염

흙과 물

85 사람들이 산을 개발하면서 흙이 사라지고 있어. 흙이 새로 만들어지려면 얼마나 걸릴까?

① 10년 ② 100년
③ 수천 년에서 수만 년

86 이것을 뿌리면 식물이 더 튼튼하게 자라고 열매도 많이 열리지만 쓰레기를 분해해 주는 미생물이 죽게 돼. 이것은 뭘까?

① 화학 비료 ② 똥 거름

87 흙이 중금속에 오염되면 어떤 일이 일어날까? (답은 2개)

① 흙이 밝은 색으로 변해.
② 식물이 중금속에 중독돼.
③ 사람과 가축이 중금속에 중독돼.

88 흙은 어떤 곳에서 가장 많이 깎일까?

① 물이 많이 고인 곳
② 경사가 없이 평평한 곳
③ 물 흐름이 빠른 곳

89 강물이 흐르면서 흙을 계속해서 실어 나르면 강은 어떻게 변할까?

① 강가 모양이 달라져.
② 강물의 양이 늘어나.
③ 강물 색깔이 변해.

90 큰비가 내리면 흙이 쓸려가서 산사태가 나. 산사태가 안 나게 하려면 어떻게 해야 할까?

① 식물을 심어. ② 말뚝을 박아.
③ 바위를 놓아.

지형 변화

91 추운 지방의 산 꼭대기에서는 큰 얼음 덩어리가 강물처럼 흘러 내려. 이렇게 얼음 덩어리가 흘러다니는 것을 뭐라고 할까?

① 빙하　② 빙산　③ 부빙

92 큰 빙하가 흘러 내려가면 땅 모양이 변해. 어떻게 변할까?

① 아주 높은 산이 생겨.
② 뾰족한 언덕이 많이 생겨.
③ 바닥이 편평한 계곡이 생겨.

93 빙하의 얼음 덩어리는 높은 산이나 극지방에서 어떻게 만들어질까?

① 홍수가 갑자기 얼어서
② 우박이 순식간에 뭉쳐져서
③ 눈이 쌓여 다져져서

우주 암석

94 우리가 별에 간다 해도 별을 걸어 다닐 수 없어. 왜 그럴까?

① 암석이 너무 뜨거워서
② 암석이 없어서
③ 암석이 너무 차가워서

95 우주를 떠도는 암석이 지구로 들어올 때 하늘에서 빛을 내며 타 버려. 이런 암석을 뭐라고 할까?

① 별똥별　② 혜성
③ 성운

96 우주 암석 중에는 크기가 커서 하늘에서 다 타 버리지 못하고 땅으로 떨어지는 것도 있어. 떨어진 자리는 어떨까?

① 두 쪽으로 갈라져.
② 둥그렇게 움푹 파여.

정답과 해설은 뒤쪽에 있어.

집중탐구 퀴즈 정답 & 해설

흙의 오염

정답 85. ③ 86. ① 87. ②, ③

사람들이 나무를 베고, 개발을 위해 산림을 파괴하면서 많은 흙이 없어지고 있어요. 흙이 없어지면 새 흙이 생기기까지 수천 년에서 수십만 년이 걸려요.

화학 비료는 식물이 잘 자라도록 영양분을 주지만, 흙속에 살고 있는 미생물을 죽여요.

공장에서 나온 중금속은 흙과 흙에서 자라는 식물을 오염시켜요. 그 식물을 먹은 동물은 몸에 중금속이 쌓여 마비가 되거나 병이 생기기도 해요.

흙과 물

정답 88. ③ 89. ① 90. ①

경사가 가파르고 물의 양이 많은 곳은 강물의 흐름이 빨라요. 이렇게 강물 흐름이 빠른 곳의 흙은 많이 깎이고 쓸려 내려가요.

강물은 흐르면서 강가를 깎아 낸 뒤, 흙이나 모래를 실어 날라 강가나 강바닥에 흙과 모래를 쌓아요. 그래서 강 위쪽은 흙이 깎여 가파르고 강 아래쪽은 흙이나 모래가 쌓여요.

식물은 자라면서 뿌리로 흙을 붙잡고 있어요. 그래서 식물이 없는 민둥산은 비가 많이 오면 산사태가 나요.

지형 변화

정답 91. ① 92. ③ 93. ③

히말라야나 알프스 같은 높은 산이나 극지방에 내리는 눈은 녹지 않고 계속 쌓이면서 점점 다져져 얼음 덩어리로 변해요. 아주 커지고 무거워진 얼음 덩어리는 낮은 곳으로 천천히 강처럼 미끄러지는데, 이것을 '빙하' 라고 해요.

빙하는 느리게 움직이면서 골짜기의 벽과 바닥의 암석을 깎아내요. 그러면 깎인 것은 빙하와 함께 흘러가고, 바닥은 평평한 U자 모양의 계곡이 만들어져요.

우주 암석

정답 94. ② 95. ① 96. ②

지구는 암석으로 이루어진 행성이에요. 그런데 별은 기체로 이루어져 암석이 없어요. 만약 우리가 별에 간다 해도 걸어 다닐 수 없어요.

우주에는 아주 작은 암석뿐 아니라 집채만 한 암석도 떠돌아다녀요. 어떤 암석은 지구로 들어오는데, 이때 지구로 들어오면서 빛을 내며 타는 암석을 별똥별(유성)이라고 해요. 다 타지 못하고 떨어진 암석은 운석이라고 해요. 운석이 땅에 떨어지면 땅이 움푹 파여요.

92-93쪽 정답이야.

교과서 도전 퀴즈

학교 시험에는 어떻게 나올까? 도전해봐!

정답 98쪽

1 흐르는 물에 의한 땅 모습 변화

4학년

• 유수대에 흐르는 물의 양을 다르게 했을 때

물의 양이 적을 때	• 물길이 좁고, 얕게 파임. • 씻겨 내려간 흙과 모래의 양이 적음. • 쌓인 흙과 모래의 양이 적음.
물의 양이 많을 때	• 물길이 넓고, 깊게 파임. • 씻겨 내려간 흙과 모래의 양이 많음. • 쌓인 흙과 모래의 양이 많음.

• 유수대의 기울기를 다르게 했을 때

기울기가 클 때	• 물이 빨리 흐르며, 지면이 더 깊게 파임. • 씻겨 내려간 흙과 모래의 양이 많음.
기울기가 작을 때	• 물이 천천히 흐르며, 지면이 얕게 파임. • 씻겨 내려간 흙과 모래의 양이 적음.

1. 유수대에 흐르는 물의 양이 많으면 씻겨 내려간 흙과 모래의 양이 많다. (○ , ×)

2. 유수대에 흐르는 물의 양이 적을 때 쌓인 흙과 모래의 양은 많다. (○ , ×)

3. 유수대의 기울기가 클 때 물이 빠르게 흐른다. (○ , ×)

98쪽 정답 4 1. ○ 2. × 3. ○ 4. × 5 1. × 2. ○ 3. ○ 4. ×

2 화단 흙과 운동장 흙의 비교 4학년

(가)

(나)

1. (가)는 운동장 흙이고, (나)는 화단 흙이다. (○, ×)
2. 화단 흙을 넣고 물을 부어 놓은 컵에는 물 위에 뜬 것이 많다. (○, ×)
3. 운동장 흙에 물을 부은 후 오래 놓아 두면 위에 있는 물은 맑아진다. (○, ×)

3 흐르는 물의 작용 4학년

위치	특징	작용	강 주변의 모습
강 상류	물의 양이 적고 흐름이 빠름.	침식 작용	댐, 산골 마을, 밭 등
강 중류	물의 양이 상류보다 많고 흐름이 느림.	운반 작용	과수원, 논, 밭, 목장 등
강 하류	물의 양이 매우 많고 흐름도 매우 느림.	퇴적 작용	큰 도시, 어촌 마을, 모래사장 등
바다	바다 밑의 땅 모양은 육지와 비슷함.		

1. 강의 상류는 물의 양이 많고, 흐름이 빠르다. (○, ×)
2. 강의 하류에서는 큰 도시와 어촌 마을, 큰 모래사장 등을 볼 수 있다. (○, ×)
3. 경사가 급한 곳에서 물이 흐를 때 위쪽은 흙을 조금 깎고 아래쪽은 많이 깎는다. (○, ×)

99쪽 정답 6 1.× 2.○ 3.○ 4.× 7 1.○ 2.○ 3.○ 4.×

교과서 도전 퀴즈

학교 시험에는 어떻게 나올까? 도전해봐!

정답 96쪽

4 지층이 만들어지는 과정 4학년

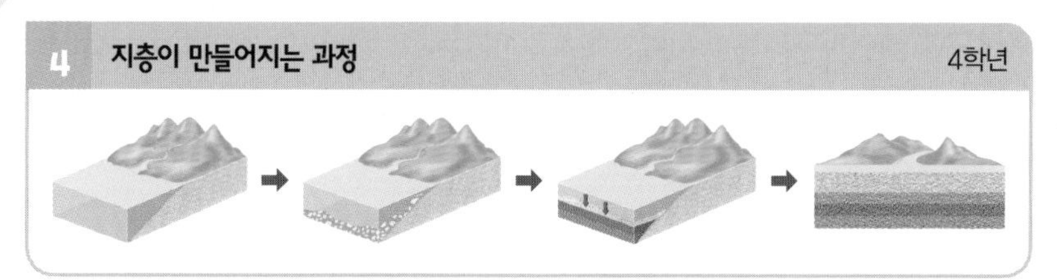

1. 지층을 이루고 있는 암석에는 알갱이의 크기에 따라 이암, 사암, 역암으로 구분한다. (○ , ×)
2. 지층은 먼저 쌓인 것이 윗부분에 있고, 나중에 쌓인 것이 아랫부분에 있다. (○ , ×)
3. 지층은 암석이 층으로 쌓여 있는 것을 말한다. (○ , ×)
4. 지층 모형을 만들어 가운데를 잘랐을 때 잘려진 면과 바깥쪽 면은 모양이 다르다. (○ , ×)

5 조개 화석 모형 만들기 4학년

1. 토기, 고인돌, 진흙 위에 난 신발 자국 등도 화석이라 할 수 있다. (○ , ×)
2. 화석 모형과 실제 화석은 겉모습이 뚜렷하고, 실제 생물과 모양, 무늬, 크기 등이 비슷하다. (○ , ×)
3. 산에서 물고기 화석이 발견되었다면 옛날 그 지역은 원래 바닷가였을 것이다. (○ , ×)
4. 지층이 만들어진 순서와 그 지층에서 발견되는 화석이 만들어진 순서는 다르다. (○ , ×)

96쪽 정답 1 1.○ 2.× 3.○

6 화강암과 현무암 4학년

화강암 현무암

1. 마그마가 지표에서 빠르게 식어 만들어진 것은 화강암이다. (○ , ×)
2. 화강암은 꺼칠꺼칠하고 밝은 색이다. (○ , ×)
3. 현무암과 화강암의 알갱이의 크기가 서로 다른 까닭은 암석이 만들어지는 데 걸린 시간이 다르기 때문이다. (○ , ×)
4. 화강암은 돌하르방을 만드는데 쓰인다. (○ , ×)

7 암석의 종류와 특성 6학년

종류	특징
변성암	지구 내부의 높은 열이나 힘을 받아 모양과 성질이 변한 암석
퇴적암	흐르는 물에 의해 퇴적물이 쌓여 만들어진 암석
화성암	화산 활동의 결과로 만들어진 암석

1. 사암이 변성되면 알갱이가 단단한 규암이 된다. (○ , ×)
2. 화강암은 단단하고, 편마암은 줄무늬가 있다. (○ , ×)
3. 석회암이 변성되면 대리암이 된다. (○ , ×)
4. 편마암의 줄무늬는 퇴적암이 변해 생긴 것이다. (○ , ×)

97쪽 정답 2 1.× 2.○ 3.○ 3 1.× 2.○ 3.×

3 Round

날씨와 계절

stage 1

- OX 퀴즈
- 있다없다 퀴즈
- 네모 퀴즈
- 사다리 퀴즈
- 왜?왜? 퀴즈

stage 2

- 집중탐구 퀴즈

날씨의 변화 · 공기
기온 · 바람
바람의 종류 · 계절풍
태풍 · 토네이도
구름 · 비
안개 · 천둥과 번개
우박 · 장마
홍수 · 가뭄

- 속담 퀴즈
- 또또 퀴즈

stage 3

집중탐구 퀴즈

교과서 도전 퀴즈

OX 퀴즈

맞으면 ○, 틀리면 ×에 ◯표 하는 거야. 이제 시작이라고!

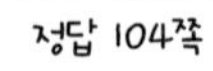
정답 104쪽

1 땅과 바다가 똑같이 햇볕을 쬐었을 때 땅이 먼저 데워진다.

2 북극은 햇볕을 가장 많이 받는다.

3 바람은 고기압에서 저기압으로 움직인다.

4 낮에는 해풍, 밤에는 육풍이 분다.

5 태풍의 눈은 비바람이 불고, 아주 춥다.

6 구름은 하늘에 떠 있고 안개는 땅에 닿아 있다.

7 사계절 중 태양이 가장 낮게 떠 있는 계절은 여름이다.

8 더운 지역 사람들은 땀을 흡수하는 두꺼운 옷을 입는다.

각 쪽을 잘 보고, 답을 맞춰봐. 누가 더 많이 맞췄을까……

있다없다 퀴즈

있을까? 없을까? 알쏭달쏭~~ 비밀의 문을 열어봐!

정답 105쪽

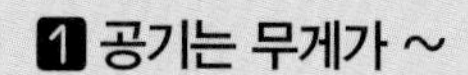

1 공기는 무게가 ~

있다 　 없다

2 극지방에는 여름이 ~

있다 　 없다

3 일기도에는 날씨를 나타내는 기호가 ~

있다 　 없다

4 동물들은 날씨를 예측할 수 ~

있다 　 없다

5 무지개는 비 오기 전후에만 볼 수 ~

있다 　 없다

6 번개에는 온도가 ~

있다 　 없다

106-107쪽 정답 1 ① 2 ① 3 ② 4 ① 5 ① 6 ② 7 ② 8 ①

네모 퀴즈

네모 안에 들어갈 말은 뭘까? 답은 둘중 하나!

정답 106쪽

1. 안개는 ☐이 없는 날 많이 생긴다. ………… 바람 / 햇빛
2. 가장 높은 곳에 있는 구름은 ☐구름이다. ………… 양털 / 새털
3. 공기가 누르는 힘이 ☐이다. ………… 온도 / 기압
4. 회오리바람 중 가장 힘이 센 것은 ☐이다. ………… 토네이도 / 허리케인
5. 적도를 중심으로 북반구와 남반구는 ☐이 반대다. ………… 시간 / 계절
6. 봄이 되어 따뜻해지다가 다시 찬 바람이 부는 추운 날씨를 ☐라고 한다. ………… 초봄추위 / 꽃샘추위
7. 이슬은 밤동안 차가워진 공기 속의 ☐가 모여 물방울이 된 것이다. ………… 안개 / 수증기
8. 여름에 햇빛을 오래 쬐면 피부가 검게 되는 것은 우리 몸이 ☐을 막기 위해 일부러 피부를 검게 태운 것이다. ………… 자외선 / 가시광선

102쪽 정답 1 ○ 2 × 3 ○ 4 ○ 5 × 6 ○ 7 × 8 ×

사다리 퀴즈

알쏭달쏭 수수께끼! 사다리를 타면 답이 나와.

정답 107쪽

1 검어도 검고 희어도 검은 것은?

2 키가 클수록 땅에 닿는 것은?

3 박은 박인데 하늘에서 내리는 박은?

4 손 대지 않고 문을 여는 것은?

5 절은 절인데 일 년에 네 번 가는 절은?

6 더우면 울고 추우면 꽃을 피우는 것은?

7 흰색인데 보라색이라는 것은?

8 가까우면 안 보이고 멀리서는 잘 보이는 것은?

- 구름
- 우박
- 눈보라
- 계절
- 고드름
- 바람
- 아지랑이
- 그림자

103쪽 정답 1 있다 2 있다 3 있다 4 있다 5 없다 6 있다

왜?왜? 퀴즈

왜? 왜 그럴까? 숨겨진 이유를 찾아봐.

정답 103쪽

● 왜 산 아래보다 높은 산꼭대기가 태양과 가깝지만 산꼭대기가 더 추울까?

① 햇볕을 받는 양이 달라서
② 바람이 부는 양이 달라서

● 왜 남극과 북극은 항상 춥고, 적도는 항상 더울까?

① 햇볕을 받는 양이 달라서
② 바람이 부는 양이 달라서

● 왜 높은 산에 오르면 머리가 아프고 구토가 나기도 할까?

① 공기가 많아졌다 적어졌다 해서
② 공기가 너무 적어서

● 왜 무지개는 비오기 전후에 잘 생길까?

① 물방울이 많아서
② 먼지가 많아서

104쪽 정답 1 바람 2 새털 3 기압 4 토네이도 5 계절 6 꽃샘추위 7 수증기 8 자외선

왜 북극 지방의 이글루는 얼음으로 만든 집이지만 따뜻할까?

① 안의 따뜻한 열이 밖으로 나가지 못해서
② 얼음이 빛을 반사해서

왜 겨울에는 얼음판에서 많이 미끄러질까?

① 얼음 겉면에 기름이 있어서
② 얼음 겉면에 물기가 생겨서

왜 양달에는 얼음이 녹았는데, 응달에는 얼음이 그대로 있을까?

① 바람이 양달에만 불어서
② 햇빛이 양달만 비춰서

왜 추운 겨울에는 몸이 덜덜 떨릴까?

① 몸에서 열을 내려고
② 몸이 얼어서

105쪽 정답 1 그림자 2 고드름 3 우박 4 바람 5 계절 6 구름 7 눈보라 8 아지랑이

stage 2

집중탐구 퀴즈

문제를 잘 읽고 맞는 것을 골라봐. 쉽지 않을걸!

날씨의 변화

1 해가 쨍쨍 맑은 날도 있고 구름이 낀 날도 있어. 날씨는 무엇 때문에 변할까?

① 해 ② 달

③ 별

2 창가에 서서 햇볕을 쬐면 따뜻해. 햇볕은 태양에서 지구까지 어떻게 올까?

① 태양에서 부는 바람을 타고

② 태양에서 곧장 뻗어서

③ 태양에 있는 구름을 타고

3 햇볕을 쪼이면 온도가 올라가. 왜 그럴까?

① 햇볕에 공기가 데워져서

② 햇볕이 공기에 섞여서

③ 햇볕에 공기가 무거워져서

공기

4 공기는 보이지 않고 냄새와 맛도 없어. 공기가 있는 걸 어떻게 알까?

① 수조에 빨대를 꽂고 불어서

② 팔로 허공을 휘저어서

③ 크게 숨을 쉬어서

5 공기는 무게가 있어. 공기가 무게가 있다는 걸 아는 방법은 무엇일까?

① 종이를 날려서

② 빨대를 불어서

③ 풍선을 불어서

6 지구가 뜨거운 태양에 바로 닿지 않게 하는 공기의 띠인 대기는 어디에 있을까?

① 지구를 감싸고 있어.

② 태양을 감싸고 있어.

③ 지구와 태양 사이에 있어.

기온

7 **온도는 온종일 변해. 하루 중 언제의 온도가 가장 높을까?**

① 아침 ② 점심
③ 저녁

8 **온도계를 넣고 온도를 재는 백엽상은 보통 잔디 위에 세워. 왜 그럴까?**

① 햇볕을 잘 받게 하려고
② 바람이 통하지 않게 하려고
③ 햇볕이 직접 닿지 않게 하려고

9 **햇볕을 많이 받는 곳이 적게 받는 곳보다 온도가 높아. 그럼 어디의 온도가 가장 높을까?**

① 나무 밑 그늘 ② 교실의 복도
③ 운동장 한가운데

바람

10 **바람이 부는 대로 나뭇가지가 휘어져. 바람은 왜 부는 걸까?**

① 공기가 구름을 눌러서
② 구름의 양을 같게 하려고
③ 공기의 양을 같게 하려고

11 **바람은 부는 방향에 따라 이름이 달라. 그럼 동풍은 어떤 바람일까?**

① 동쪽에서 불어오는 바람
② 동쪽으로 불어 가는 바람
③ 서쪽에서 불어오는 바람

12 **바람의 세기는 0~12까지 있어. 그럼 가장 센 12가 되면 어떤 일이 일어날까?**

① 깃발이 가볍게 날려.
② 나무 전체가 휘어.
③ 집이 부서져.

정답과 해설은 뒤쪽에 있어.

집중탐구 퀴즈 정답&해설

날씨의 변화

정답 1.① 2.② 3.①

뜨거운 햇볕은 온도가 높은 태양에서 온도가 낮은 지구로 곧장 뻗어 와요.
햇볕이 비추면 공기가 따뜻해져요. 따뜻해진 공기가 하늘로 올라가면 주변의 온도가 올라가게 돼요. 또 햇볕에 데워진 물은 하늘로 올라가서 구름을 만들고 다시 차가워지면 비로 내려와요. 이렇게 햇볕은 온도를 올라가게 하고 구름을 만들면서 날씨를 변화시켜요.

공기

정답 4.① 5.③ 6.①

공기는 맛도, 냄새도 없어요. 하지만 수조에 빨대를 꽂고 불어서 생기는 공기방울로 공기가 있다는 걸 알 수 있어요. 또 공기도 무게가 있어서 풍선에 공기를 넣으면 더 무거워요.
공기가 지구를 감싸고 있는 것을 대기라고 해요. 대기는 태양에서 오는 뜨거운 햇볕에 지구가 바로 닿지 않게 하고, 지구에 도달한 태양열이 한꺼번에 나가는 것을 막아 줘요.

기온

정답 7. ② 8. ③ 9. ③

하루 중 온도는 오후 2시 무렵이 가장 높아요. 12시쯤 햇볕을 가장 많이 받아 데워진 땅이 뿜는 열로 대기의 온도가 더 높아져요. 햇볕을 많이 받는 운동장은 그늘진 곳보다 온도가 높아요.

백엽상의 흰색은 햇볕이, 잔디는 땅에서 올라오는 열이 온도계에 직접 닿지 않게 해요. 백엽상은 눈과 비를 맞지 않게 지붕을 씌우고, 바람이 잘 통하는 곳에 세워요.

바람

정답 10. ③ 11. ① 12. ③

바람은 공기가 양을 맞추기 위해 공기가 많은 고기압에서 공기가 적은 저기압으로 움직이는 거예요.

바람은 불어오는 방향에 따라 이름이 달라요. 동쪽에서 불어오면 동풍, 서쪽에서 불어오면 서풍이에요.

바람의 세기는 0~12까지 있어요. 0~1은 연기가 똑바로 오르고, 2~3은 깃발이 날리고, 6~7은 나무가 휘어요. 8~9는 건물에 금이 가고, 가장 센 12가 되면 집이 부서져요.

108-109쪽 정답이야.

집중탐구 퀴즈

문제를 잘 읽고 맞는 것을 골라봐. 쉽지 않을걸!

바람의 종류

계절풍

13 낮에 골짜기에서 봉우리로 부는 바람을 골바람이라고 해. 그럼 밤에 봉우리에서 평지로 부는 바람을 뭐라고 할까?

① 산바람 ② 봉우리바람
③ 평지바람

14 낮에는 땅이 바다보다 따뜻해. 그럼 바람은 어디서 어디로 불까?

① 땅에서 바다로
② 바다에서 땅으로
③ 땅과 바다를 왔다갔다 해.

15 바다에서 낮과 밤에 부는 바람 중 어느 바람이 더 셀까?

① 낮에 부는 바람
② 밤에 부는 바람
③ 둘 다 똑같아.

16 바람은 계절에 따라 방향이 바뀌어 불기도 해. 방향은 왜 바뀌는 걸까?

① 땅과 바다의 크기가 달라져서
② 땅과 바다의 색깔이 달라져서
③ 땅과 바다의 온도가 달라져서

17 우리나라는 여름에 태평양에서 바람이 불어와. 여름 날씨는 어떨까?

① 습기가 많고 추워.
② 습기가 많고 더워.
③ 습기가 적고 무더워.

18 해마다 인도양에서 습한 계절풍이 불어올 때 인도의 날씨는 어떨까?

① 6개월 동안 비가 내려.
② 6개월 동안 바람만 불어.
③ 6개월 동안 가뭄이 들어.

태풍

토네이도

19 태풍은 세면대에 물이 빠지는 것처럼 공기 덩어리가 소용돌이 치는 거야. 이런 태풍은 왜 생기는 걸까?

① 거대한 구름이 바람과 부딪쳐서
② 바다의 온도가 갑자기 떨어져서

20 태풍이 불면 강한 바람과 함께 엄청난 비가 내려. 그럼 태풍의 한가운데인 눈은 어떨까?

① 비바람이 가장 세게 불어.
② 구름 한 점 없어.

21 태풍은 허리케인, 사이클론, 윌리윌리라고도 불러. 왜 그럴까?

① 태풍이 발생한 지역이 달라서
② 태풍의 크기가 달라서
③ 태풍이 도는 속도가 달라서

22 회오리바람은 나선 모양으로 불면서 흙먼지나 모래알을 빨아올려. 부는 모양은 어떨까?

① 두꺼운 기둥 모양 같아.
② 커다란 깔때기 모양 같아.

23 토네이도는 미국에서 잘 생기는 회오리바람이야. 가장 세게 불었던 토네이도는 얼마나 셌을까?

① 기차를 감아 올릴 정도
② 사람이 걸을 수 없을 정도

24 토네이도는 셀 뿐만 아니라 빠르기도 해. 얼마나 빠를까?

① 1초에 1미터를 움직여.
② 1초에 10미터를 움직여.
③ 1초에 100미터를 움직여.

정답과 해설은 뒤쪽에 있어.

집중탐구 퀴즈 정답&해설

바람의 종류

정답 13. ① 14. ② 15. ①

낮에 데워진 공기가 골짜기에서 봉우리로 올라가면 골바람이고, 밤이 되어 식은 공기가 다시 평지로 내려오면 산바람이에요. 산바람과 골바람을 합하면 산곡풍이에요.

낮에는 바닷가에 위치한 땅의 따뜻한 공기가 위로 올라가면, 그 빈 자리로 바다에서 해풍이 불어와요. 밤이 되면 식은 공기가 땅으로 내려와서 바다로 가는 육풍이 불어요. 해풍은 육풍보다 더 강하게 불어요.

계절풍

정답 16. ③ 17. ② 18. ①

계절풍은 반 년마다 방향을 바꾸는 바람이에요. 우리나라는 겨울에 시베리아에서 찬 바람이 불어와요. 겨울에 빨리 식은 땅에서 천천히 식는 바다로 공기가 몰려오는 거예요. 여름엔 태평양에서 더운 바람이 불어와요. 빨리 뜨거워진 땅으로 덜 뜨거운 바다의 공기가 몰려오는 거예요.

인도는 인도양에서 계절풍이 불어오는 비구름 때문에 6개월 간 비가 쏟아져요.

태풍

정답 19. ① 20. ② 21. ①

커다란 비구름이 강한 바람을 만나면, 소용돌이를 일으키며 태풍이 돼요. 태풍은 강한 바람과 함께 엄청난 비를 뿌려요. 하지만 태풍의 한가운데인 태풍의 눈은 구름 한 점 없이 고요하고, 찌는 듯이 무더워요.

태풍은 발생한 지역에 따라 다르게 불어요. 북서 태평양에서는 태풍, 북중미에서는 허리케인, 인도양에서는 사이클론, 호주 부근의 남태평양에서는 윌리윌리라고 불러요.

토네이도

정답 22. ② 23. ① 24. ③

회오리바람은 흙먼지나 모래알을 빨아 올리면서 깔때기 모양으로 불어요.

회오리바람 중 가장 힘이 센 건 토네이도예요. 또 1초에 100미터를 넘게 움직이는 땅에서 가장 빠른 바람이기도 해요. 토네이도는 미국 대륙에서 잘 일어나는데, 한 번은 바람이 너무 세서 117명이 탄 기차를 감아 올린 적도 있어요. 토네이도가 지나간 자리의 집들은 산산조각이 나요.

112-113쪽 정답이야.

집중탐구 퀴즈

문제를 잘 읽고 맞는 것을 골라봐. 쉽지 않을걸!

구름

비

25 구름은 양 모양 구름, 새털 모양 구름처럼 모양이 달라. 왜 다른 걸까?

① 구름이 있는 높이가 달라서
② 바람이 구름을 흩어 놓아서
③ 햇빛을 받은 정도가 달라서

26 소나기가 오기 전에 구름은 어떤 모양일까?

① 새털 모양의 구름
② 양떼 모양의 구름
③ 큰 기둥 모양의 구름

27 어떤 구름은 흰색이고 어떤 구름은 검은색이야. 왜 색이 다를까?

① 구름 속 물방울의 크기가 달라서
② 구름 속의 온도가 달라서
③ 구름 속의 먼지 양이 달라서

28 아침부터 온종일 비가 내려. 비는 왜 내리는 걸까?

① 구름이 햇빛에 녹아서
② 구름 속 물방울이 무거워서
③ 구름 속에 먼지가 많아져서

29 갑자기 짧고 강하게 내리는 비를 소나기라고 해. 구름 없는 날 잠깐 내리는 비를 뭐라고 할까?

① 여우비 ② 이슬비
③ 가랑비

30 소나기는 다른 비와 다르게 이리저리 움직이면서 내려. 왜 그럴까?

① 무거운 구름이 가벼운 구름을 밀어서
② 찬 공기가 더운 공기를 밀어서

안개

31 안개와 구름은 둘 다 뿌옇게 생겼어. 그럼 다른 점은 무엇일까?

① 안개는 차고, 구름은 따뜻해.
② 안개는 땅에 있고, 구름은 하늘에 있어.

32 아침에 안개가 잔뜩 끼었어. 이 날은 날씨가 어떨까?

① 흐릴 거야.
② 비가 올 거야.
③ 맑을 거야.

33 땅과 바다에 짙은 안개가 끼었어. 다음 중 어떤 일이 벌어질까?

① 지하철이 다니지 못해.
② 비행기가 잘 뜨지 못해.
③ 등댓불이 더 잘 보여.

천둥과 번개

34 천둥은 공기가 뜨거워져 진동하는 소리야. 그럼 번개는 무엇일까?

① 물방울들이 부딪쳐서 생긴 전기
② 햇빛에 반짝이는 물방울
③ 구름에서 나온 색깔 빛줄기

35 순간 '번쩍' 하고 하늘을 가르는 번개는 아주 뜨거워. 번개의 온도는 얼마나 될까?

① 100도 ② 1,000도
③ 10,000도

36 번개가 치면 안전한 곳으로 피해야 해. 다음 중 어디가 좋을까?

① 맑은 물속
② 큰 나무 아래
③ 문을 꼭 닫은 집 안

정답과 해설은 뒤쪽에 있어.

구름

정답 25. ① 26. ③ 27. ①

구름의 모양은 높이에 따라 달라요. 가장 높은 곳에는 새털구름이 있고, 낮은 곳에는 하늘 높이 올라가는 기둥 모양의 소나기구름이 떠 있어요. 구름이 하얗게 보이는 건 물방울을 통과하는 햇빛의 색이 모두 합해졌기 때문이에요. 하지만 구름을 만드는 물방울이 점점 커지면 빛을 더 많이 흡수해서 검은색으로 보여요. 검은 구름은 곧 비를 뿌려요.

비

정답 28. ② 29. ① 30. ②

비는 구름 속 물방울이 서로 달라붙어 커지고 무거워서 아래로 떨어지는 거예요.
구름 한 점 없는 맑은 날엔 잠깐 여우비가 내리기도 해요. 여우비는 먼 곳에 있는 구름에서 내린 비가 세찬 바람에 날려서 뿌려지는 비예요. 소나기는 찬 공기와 더운 공기가 부딪히며 돌아다니며 내려요. 찬 공기가 더운 공기를 밀어 소나기구름이 밀리기 때문이에요.

안개

정답 31. ② 32. ③ 33. ②

안개는 맑고 바람이 약한 밤에 작은 물방울이 땅 가까운 공기 중에 서로 달라 붙어서 떠 있는 거예요. 구름과 비슷하지만, 구름은 하늘에 떠 있고 안개는 땅에 닿아 있어요. 해가 뜨고 바람이 불면 안개가 흩어져 공기가 맑아져요.

안개가 짙으면 앞이 잘 보이지 않아서 차들은 전조등을 켜고 조심조심 다니고, 배는 등댓불을 잘 찾아야 해요. 또 안개가 걷힐 때까지 비행기는 뜨거나 내려앉지 못해요.

천둥과 번개

정답 34. ① 35. ③ 36. ③

번개는 소나기 구름 속 물방울과 얼음 알갱이가 부딪치면서 생겨요. 번개가 번쩍일 때 온도는 1만도 이상이에요. 천둥은 번개에 데워진 공기가 주변의 공기를 팽창시키면서 진동하는 소리예요.

번개가 칠 때는 큰 나무를 피하고 땅바닥에 엎드려야 해요. 물속에 있다면 물 밖으로 나와야 하고, 문을 닫은 차 안이나 집 안으로 안전하게 피해야 해요.

116-117쪽 정답이야.

집중탐구 퀴즈

문제를 잘 읽고 맞는 것을 골라봐. 쉽지 않을걸!

우박

장마

37 후두둑 떨어지는 우박에 맞으면 아파. 우박은 무엇일까?

① 돌멩이 ② 얼음 알갱이
③ 모래 알갱이

38 우박은 소나기구름 속에 있는 얼음 알갱이가 무거워서 떨어지는 거야. 왜 무거워진 걸까?

① 물방울이 달라붙어서
② 얼음 알갱이끼리 달라붙어서

39 우박은 봄, 가을에 많이 내려. 우박이 내리면 어떤 피해를 입을까?

① 집이 무너져.
② 배가 바다로 가라앉아.
③ 농작물이 망가져.

40 장마는 왜 오는 걸까?

① 차고 습한 공기가 몰려와서
② 덥고 습한 공기가 몰려와서
③ 차고 습한 공기와 덥고 습한 공기가 부딪쳐서

41 장마철에는 강한 비와 약한 비가 오락가락 내려. 낮에는 주로 어떤 비가 내릴까?

① 약한 비 ② 강한 비
③ 약한 비와 강한 비 모두

42 장마가 오기 전에 해야 할 일은 무엇일까?

① 비가 새는 곳이 있나 점검해.
② 하수구나 배수구는 꼭 막아 둬.
③ 가까운 이웃과 긴급 연락을 할 수 있게 창문을 열어 둬.

홍수

43 장마가 지거나 갑자기 비가 많이 오면 홍수가 나. 홍수는 또 언제 일어날까?

① 바람이 심하게 불 때
② 눈이 많이 녹을 때
③ 안개가 심하게 낄 때

44 홍수가 나서 집이 물에 잠기면 어떻게 해야 할까?

① 물이 들어오지 않게 문을 닫아.
② 밖으로 헤엄쳐 나와.
③ 지붕이나 옥상으로 올라가.

45 긴 가뭄 뒤에 비가 내리면 홍수가 더 잘 나. 왜 그럴까?

① 땅이 빗물을 흡수하지 못해서
② 땅이 빗물을 많이 흡수해서
③ 비구름이 땅 부근에서 비를 뿌려서

가뭄

46 오랫동안 비가 안 오면 가뭄이 들어. 가뭄이 들면 어떻게 될까?

① 나뭇잎이 더 파래져.
② 동물이 마실 물이 없어져.
③ 흙이 잘 엉겨 붙어.

47 가뭄이 계속되면 산불이 쉽게 일어나. 왜 그럴까?

① 풀이나 나무가 바싹 말라서
② 구름이 많이 생겨서
③ 해가 땅에 가깝게 떠 있어서

48 아프리카는 심한 가뭄으로 마실 물이 부족해. 이런 가뭄은 왜 오는 걸까?

① 날씨가 뒤죽박죽되어서
② 비구름이 다른 지역으로 가서
③ 동물들이 물을 많이 마셔서

정답과 해설은 뒤쪽에 있어.

우박

정답 37.② 38.① 39.③

소나기구름 속의 얼음 알갱이는 물방울들이 자꾸만 달라붙어서 점점 무거워져요. 그러다 녹을 새도 없이 땅으로 떨어지는 것이 우박이에요. 우박은 5~25도에 많이 내려요. 그래서 뜨거운 여름이나 추운 겨울보다는 주로 봄과 가을에 내려요. 우박이 내리면 꽃과 나뭇잎이 상하고, 농작물이 망가져요. 큰 우박이 내리면 차가 찌그러질 수도 있어요.

장마

정답 40.③ 41.① 42.①

장마는 남쪽의 덥고 습한 공기와 북쪽의 차고 습한 공기가 만나 많은 비구름을 만들면서 생겨요. 장마철엔 기온이 낮은 밤에는 강한 비가, 기온이 높은 낮에는 약한 비가 내려요.

장마가 심하면 물난리가 날 수 있어요. 그래서 장마 전에 비가 새는지, 하수구가 막히지는 않았는지 확인해야 해요. 그리고 물난리가 자주 나는 지역에서는 학교 등의 대피 장소 연락처를 알아 둬야 해요.

홍수

가뭄

정답 43. ② 44. ③ 45. ①

오랫동안 장마가 지거나, 갑자기 비가 오면 홍수가 나요. 또 눈이 한 번에 많이 녹아도 홍수가 나요.
오랜 가뭄에 땅이 말라 굳어 있을 때 비가 내리면, 빗물을 잘 흡수하지 못해 더 큰 홍수가 날 수 있어요.
홍수가 나면 마을이나 집이 물에 잠기고 차도 떠내려갈 수 있어요. 그러니 함부로 다니지 말고, 집이 잠기면 옥상이나 지붕으로 올라가서 구조를 기다려야 해요.

정답 46. ② 47. ① 48. ①

오랫동안 비가 오지 않으면 가뭄이 들어요. 가뭄이 들면 농작물이 바싹 마르고, 가축이 마실 물이 모자라게 돼요. 이런 가뭄이 계속되면 나무나 풀들이 바싹 말라 작은 불씨에도 큰 산불이 날 수 있어요.
가뭄이 심한 아프리카에서는 수많은 사람이 물이 없어서 죽기도 해요. 이렇게 극심한 가뭄은 지구가 더워지면서 날씨가 뒤죽박죽되었기 때문이에요.

120~121쪽 정답이야.

속담 퀴즈 열쇠를 찾아봐. 속담이 보일 거야.

▒▒▒에 옷 젖는 줄 모른다.

➜ 조금씩 없어지는 줄 모르게 건강이나 재산이 나빠지거나 줄어든다.

비 온 뒤에 ▒이 굳는다.

➜ 어려운 일을 겪은 후에 일이 더 탄탄해진다.

삼 년 가뭄에는 살아도 석달 ▒▒에는 못 산다.

➜ 가뭄보다 장마가 더 무섭다.

밀가루 장사하면 ▒▒ 불고, 소금 장사하면 ▒ 온다.

➜ 운수가 나쁘면 매번 일이 잘 안 된다.

가뭄에 ▒나듯

➜ 어떤 일이나 물건이 어쩌다 하나씩 드문드문 있다.

바람, 비

콩

땅

장마

가랑비

또또 퀴즈

정답 171쪽

아래 두 그림에서 서로 다른 여섯 곳을 모두 찾아봐.

79쪽 정답 ❺

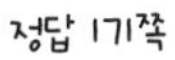

또또 퀴즈~ 정말 재미있다. 어디 어디 숨었을까?

stage 3 집중탐구 퀴즈

문제를 잘 읽고 맞는 것을 골라봐. 쉽지 않을걸!

계절의 변화

태양의 고도

49 우리나라는 봄, 여름, 가을, 겨울 사계절이 있어. 계절은 왜 바뀌는 걸까?

① 지구가 태양을 돌아서
② 지구가 똑바로 서 있어서
③ 태양이 뱅글뱅글 돌아서

50 일 년 중 기온이 가장 높은 달은 8월이야. 기온이 가장 낮은 달은 몇 월일까?

① 12월 ② 1월
③ 2월

51 적도를 중심으로 북쪽에 있는 북반구가 겨울이야. 그럼, 남쪽에 있는 남반구는 무슨 계절일까?

① 여름 ② 겨울
③ 가을

52 하루 동안 태양의 높이는 변해. 다음 중 언제 가장 높을까?

① 오전 9시
② 낮 12시
③ 오후 3시

53 태양은 여름에 가장 높이 떠 있어. 어느 계절에 가장 낮게 떠 있을까?

① 봄 ② 가을
③ 겨울

54 겨울에는 태양이 가장 낮게 떠 있어. 그럼 낮이 길까, 밤이 길까?

① 낮이 길어.
② 밤이 길어.
③ 낮과 밤의 길이는 똑같아.

더운 곳

추운 곳

55 지구의 한가운데인 적도는 왜 더울까?

① 해가 바로 머리 위에서내리쬐어서
② 바람이 불지 않아서
③ 구름이 많지 않아서

56 적도 지역에는 나무가 잘 자라 큰 숲이 많아. 왜 잘 자랄까?

① 햇빛이 강하고 비가 많이 와서
② 나무를 많이 심어서
③ 사람들이 살지 않아서

57 적도 부근의 열대 지방은 일 년 내내 무더워. 계절은 여름뿐일까?

① 그럼, 여름뿐이지.
② 아니, 사계절이 다 있어.

58 두꺼운 얼음으로 덮여 있는 극지방은 아주 추워. 왜 추울까?

① 햇빛이 비스듬히 비춰서
② 구름이 해를 가려서
③ 바람이 많이 불어서

59 적도는 일 년 내내 여름이야. 그럼 북극도 일 년 내내 겨울일까?

① 그럼, 항상 겨울이야.
② 아니, 여름도 있어.

60 만약 남극에 우리나라의 무더운 여름과 같은 날이 온다면 어떻게 될까?

① 울창한 숲이 생길 거야.
② 얼음이 다 녹아서 홍수가 날 거야.

정답과 해설은 뒤쪽에 있어.

집중탐구 퀴즈 정답 & 해설

계절의 변화

정답 49. ① 50. ② 51. ①

봄, 여름, 가을, 겨울 사계절이 바뀌는 건 지구의 자전축이 기울어진 채 태양 주위를 돌기 때문이에요.
지구가 태양 주위를 도는 위치에 따라 햇볕의 양이 달라져요. 일 년 중 온도가 가장 높은 달은 8월이고, 가장 낮은 달은 1월이에요.
적도를 중심으로 북반구와 남반구는 계절이 반대예요. 북반구에 위치한 우리나라가 겨울이면, 남반구에 위치한 남아메리카는 여름이에요.

태양의 고도

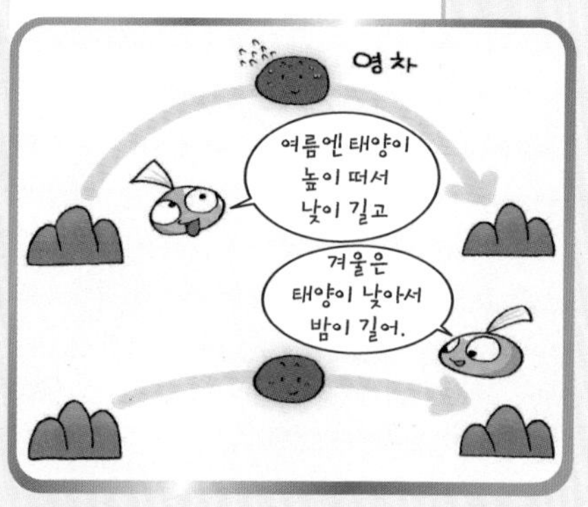

정답 52. ② 53. ③ 54. ②

하루 중 햇볕을 가장 많이 받는 시간은 낮 12시예요. 태양이 머리 위에서 쨍쨍 비춰 열을 많이 받기 때문이에요.
사계절 중 태양이 가장 높이 떠 있는 계절은 무더운 여름이에요. 반대로 가장 낮게 떠 있는 계절은 추운 겨울이에요. 태양이 높이 떠 있는 여름에는 낮이 길고, 낮게 떠 있는 겨울에는 밤이 길어요.

더운 곳

추운 곳

정답 55. ① 56. ① 57. ①

지구의 한가운데인 적도는 해가 바로 머리 위에서 내리쬐기 때문에 무척 더워요. 또 햇볕에 데워진 공기가 하늘로 올라가 많은 비구름을 만들고 비를 내려서 열대 우림이 많아요.

적도 북쪽의 열대 지방은 6월에 무덥고 심한 폭우가 쏟아져요. 이 폭우가 12월에 적도 남쪽으로 옮기면 북쪽은 비가 그치고 메마른 건기가 시작돼요. 이렇게 열대 지방은 우기와 건기만 반복되는 여름뿐이에요.

정답 58. ① 59. ② 60. ②

극지방은 적도와 반대로 해가 직접 내리쬐지 않고 비스듬히 비춰요. 그래서 해를 적게 받아 몹시 추워요. 겨울에는 영하 40도까지 내려가기도 해요.

극지방에도 우리나라처럼 더운 여름은 아니지만 온도가 10도 정도 올라가는 따뜻한 여름이 오기도 해요. 만약 남극에 우리나라처럼 무더운 여름이 온다면 얼음이 다 녹아서 지구에 홍수가 날 거예요.

126-127쪽 정답이야.

집중탐구 퀴즈

문제를 잘 읽고 맞는 것을 골라봐. 쉽지 않을걸!

지대에 따른 기후

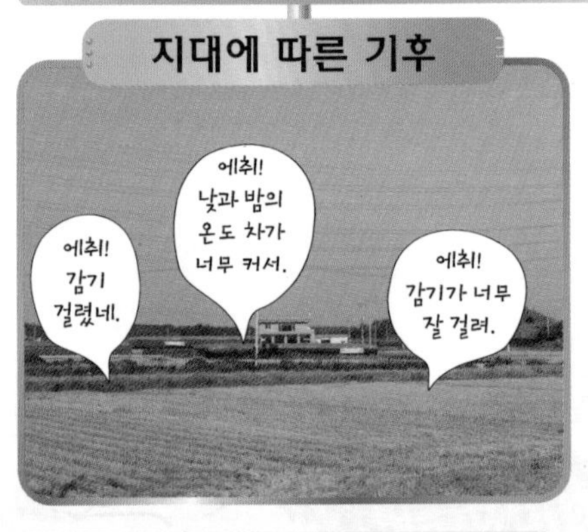

61 봉우리가 높이 솟은 산악 지대의 날씨는 어떨까?

① 안개가 자주 껴.
② 해와 가까워서 따뜻해.
③ 바람이 안 불어.

62 바다에는 늘 파도가 쳐. 바닷가의 날씨는 어떨까?

① 비가 많이 내려.
② 구름이 없이 늘 맑아.
③ 바람이 많이 불어.

63 산과 바다에서 멀리 떨어져 있는 넓고 평평한 평야 지대의 날씨는 어떨까?

① 하늘이 맑고 푸르러.
② 구름이 많이 생겨.
③ 낮과 밤의 온도가 똑같아.

봄

64 아지랑이는 왜 봄에 많을까?

① 얼었던 도로가 녹아서
② 도로의 먼지가 봄바람에 날려서
③ 찬 공기와 따뜻한 공기가 자주 뒤섞여서

65 봄에 날씨가 따뜻해지다 갑자기 추워질 때가 있어. 이것을 뭐라고 할까?

① 벼락추위 ② 꽃샘추위
③ 봄샘추위

66 봄에 황사 바람이 불면 하늘이 온통 뿌옇게 돼. 이런 황사는 왜 생길까?

① 중국 사막의 모랫바람이 날려 와서
② 누런 꽃가루가 날려 와서

67 여름에는 다른 계절보다 비가 많이 와. 왜 그럴까?

① 바다에서 습한 바람이 불어와서
② 낮이 너무 뜨거워서
③ 바람이 안 불어서

68 여름에 사람들은 쉽게 짜증을 내. 특히 어떤 날 짜증을 잘 낼까?

① 온도가 높고, 습도가 낮은 날
② 온도가 높고, 습도도 높은 날
③ 온도가 낮고, 습도가 높은 날

69 여름엔 더워서 잠을 설칠 때가 많아. 특히 25도 이상인 밤을 뭐라고 할까?

① 열대밤 ② 열대야
③ 열대주

70 가을엔 하늘이 푸르고 높아 보여. 정말 하늘이 높아지는 걸까?

① 그럼, 정말 높아져.
② 아니, 하늘 높이는 항상 같아.

71 가을이 되면 울긋불긋 단풍이 들어. 단풍은 왜 들까?

① 가을비에 색깔이 있어서
② 구름이 적어져서
③ 기온이 내려가서

72 여름에 무성했던 나뭇잎은 가을이 되면 하나 둘 떨어져. 낙엽은 왜 질까?

① 햇볕을 너무 많이 받아서
② 물이 부족해서
③ 바람이 많이 불어서

정답과 해설은 뒤쪽에 있어.

집중탐구 퀴즈 정답&해설

지대에 따른 기후

정답 61. ① 62. ③ 63. ①

높은 산악 지대는 맑은 날에도 바람이 많이 불어서 추워요. 또 구름과 바람이 산꼭대기를 타고 다녀서 안개도 자주 껴요.

바닷가는 땅과 바다의 온도 차가 커서 바람이 많이 불고, 또 습한 바닷바람 때문에 구름이 많이 생겨요.

산과 바다가 떨어져 있는 평야 지대는 습기를 몰고오는 비구름과 떨어져서 하늘이 맑아요. 하지만 낮과 밤, 여름과 겨울의 온도 차가 커요.

봄

정답 64. ③ 65. ② 66. ①

봄이 되면 데워진 공기는 위로 올라가고, 위의 찬 공기는 아래로 내려와요. 이 때 햇빛이 온도가 달라지는 곳에서 꺾여서 물체가 흔들려 보이는 아지랑이가 생겨요.

꽃샘추위는 봄이 되어 따뜻해지다가 다시 찬 바람이 부는 추운 날씨예요.

3, 4월에 부는 누런 황사 바람은 중국 사막의 모래 먼지가 바람을 타고 우리나라까지 건너온 거예요.

여름

가을

정답 67. ① 68. ② 69. ②

여름에는 다른 계절보다 비가 많이 와요. 바다에서 습한 계절풍이 불어오고, 장마도 있기 때문이에요.
장마가 끝나고 본격적인 더위가 시작되면 사람들은 불쾌감을 느껴 짜증을 내요. 이런 불쾌감은 온도와 습도가 높을수록 높아요.
한여름에는 밤에도 온도가 내려가지 않아서 잠을 자기 힘들 때가 많아요. 특히 기온이 25도 이상인 밤을 '열대야'라고 해요.

정답 70. ② 71. ③ 72. ②

가을엔 시베리아에서 차가운 바람이 불어와요. 이 바람은 약하고 건조해서 구름 없는 맑은 날씨가 계속되어 하늘이 높아 보여요.
가을에 온도가 내려가면 나뭇잎의 엽록소가 파괴돼요. 그러면 녹색이 사라지고 노랗고 빨간 단풍이 들어요. 더 추워져 물이 줄면 나무는 물이 빠져 나가는 것을 막기 위해 물길을 막아 버려요. 그러면 나뭇잎은 말라서 떨어지게 돼요.

130~131쪽 정답이야.

집중탐구 퀴즈

문제를 잘 읽고 맞는 것을 골라봐. 쉽지 않을걸!

겨울

서리, 이슬, 성에

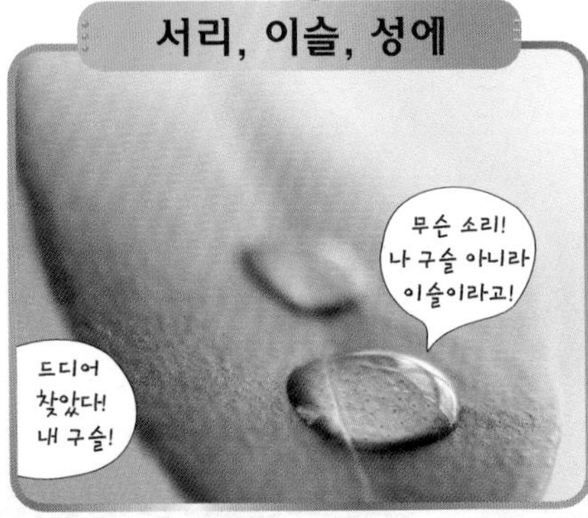

73 우리나라 겨울은 3일은 춥고 4일은 따뜻한 날씨가 반복돼. 무엇 때문일까?

① 바람　② 비
③ 눈

74 겨울에는 추워서 비 대신 눈이 내려. 추울수록 눈이 많이 내릴까?

① 그럼, 더 많이 내려.
② 아니, 너무 추우면 눈이 안 만들어져.

75 겨울에 바람이 불면 더 춥게 느껴져. 왜 그럴까?

① 바람이 몸의 열을 빼앗아서
② 바람이 기온을 떨어뜨려서
③ 바람이 몸속으로 들어가서

76 새벽엔 풀잎에 이슬방울이 맺혀. 이슬은 어떻게 만들어진 걸까?

① 찬 공기 속의 수증기가 모여서
② 밤에 낀 안개가 변해서
③ 구름에서 이슬비가 내려서

77 밤새 무밭에 서리가 내려서 무가 얼었어. 서리는 어떻게 만들어졌을까?

① 아주 작은 눈이 내려서
② 눈이 녹다가 얼어서
③ 공기 중의 수증기가 얼어 붙어서

78 추운 날 아침 창에 나뭇잎 모양의 하얀 무늬가 생겼어. 이건 무엇일까?

① 얼어 붙은 작은 눈
② 얼어 붙은 수증기
③ 얼어 붙은 안개

눈

일기도

79 눈은 어떻게 만들어질까?

① 구름 속의 물방울이 모여서
② 구름 속의 얼음 알갱이가 모여서
③ 구름 속의 물방울과 얼음 알갱이가 모여서

80 겨울에 눈 오는 날은 다른 날보다 따뜻해. 왜 그럴까?

① 눈이 차가운 땅을 감싸서
② 눈이 바람을 막아서
③ 눈구름이 열을 내보내서

81 흰 눈이 펑펑 쏟아진 날은 다른 날보다 조용해. 왜 더 조용할까?

① 눈이 소리를 흡수해서
② 바람이 소리를 실어서
③ 추워서 아무도 안 다녀서

82 기상청은 어떻게 날씨를 알아 낼까?

① 기상 위성을 이용해서
② 해시계를 보고
③ 기상청 사람들이 직접 바람을 쫓아다녀서

83 일기도는 날씨의 상태를 그려 놓은 날씨 지도야. 일기도에는 무엇을 그려 넣을까?

① 비의 양　② 구름의 색깔
③ 별의 수

84 ✳는 눈을 나타내는 기호야. 그럼 소나기를 나타내는 기호는 무엇일까?

① ▽ (위에 점)
② ○
③ ≡

정답과 해설은 뒤쪽에 있어.

집중탐구 퀴즈 정답 & 해설

겨울

정답 73. ① 74. ② 75. ①

우리나라 겨울은 차가운 시베리아 바람이 3일 동안은 강하게 불어 춥고, 4일 동안은 약하게 불어 따뜻해지는 날씨가 반복돼요.
겨울에 바람이 세게 부는 날은 피부를 감싼 얇고 따뜻한 공기층이 바람에 얇아져서 더 춥게 느껴져요.
겨울에 영하 20도로 떨어지는 추운 날엔 눈이 내리지 않아요. 기온이 너무 낮아 공기 중에 물방울이 적기 때문이에요.

서리, 이슬, 성에

정답 76. ① 77. ③ 78. ②

새벽 아침 풀잎에 맺힌 이슬은 밤 동안 차가워진 공기 속의 수증기가 모여 물방울이 된 거예요.
서리는 땅의 온도가 영하로 떨어져 공기 중의 수증기가 나뭇잎이나 땅에 달라붙어 얼은 거예요.
추운 날 아침에는 유리창에 나뭇잎 모양의 흰 성에가 끼기도 해요. 성에는 공기 중의 수증기가 밤 동안 추워지면서 창문에 얼어붙은 거예요.

눈

정답 79. ② 80. ③ 81. ①

겨울에 눈이 오는 날은 포근해요. 눈구름이 지구가 뱉어 낸 따뜻한 열을 흡수했다가 다시 돌려주기 때문이에요.

눈구름 속에서 작은 물방울은 여섯 개의 가지가 달린 얼음 알갱이로 바뀌어요. 바뀐 얼음 알갱이들이 서로 서로 모여 눈송이로 내려요.

눈 오는 날은 눈이 소리를 흡수해서 다른 날보다 조용해요.

일기도

정답 82. ① 83. ① 84. ①

기상청은 날씨를 알려 주는 곳이에요. 기상청은 기상 위성, 레이더 등 첨단 시설을 이용해서 온도와 비 올 확률을 조사하고 일기도를 그려요.

일기도에는 강수량, 구름의 양, 태풍의 진로, 바람의 세기 등이 기록돼요. 날씨를 나타내는 기호에는 다음과 같은 것이 있어요.

○ 맑음 ● 흐림 • 비

소나기 ✳ 눈 ≡ 안개

134-135쪽 정답이야.

집중탐구 퀴즈

문제를 잘 읽고 맞는 것을 골라봐. 쉽지 않을걸!

날씨가 어떨까?

85 달무리는 달 둘레에 보이는 하얀 빛의 테두리야. 달무리가 지면 다음 날 날씨가 어떨까?

① 비가 와. ② 무더위가 와.
③ 강추위가 와.

86 날씨가 흐려지면 제비가 땅 위를 낮게 날아. 왜 그럴까?

① 비가 올 것을 알리려고
② 낮게 나는 곤충을 잡으려고
③ 재빨리 처마 밑으로 숨으려고

87 비가 오기 전에 청개구리가 더 크게 울어. 왜 그럴까?

① 엄마 무덤이 떠내려갈까 봐
② 습도가 높아져 호흡이 잘 돼서
③ 습도가 높아져 몸이 아파서

대기오염

88 왜 우리가 사는 지구는 점점 더워질까?

① 지구가 태양과 점점 가까워져서
② 오염된 공기가 지구의 열이 나가는 것을 막아서
③ 비가 오랫동안 안 와서

89 지구가 계속 더워지면 어떤 일이 일어날까?

① 동식물이 살기 좋아져.
② 빙하가 녹아서 바닷물의 높이가 높아져.

90 이 비는 나뭇잎을 마르게 하고 농작물이 잘 자라지 못하게 해. 어떤 비일까?

① 소낙비 ② 산성비
③ 매연비

오존층

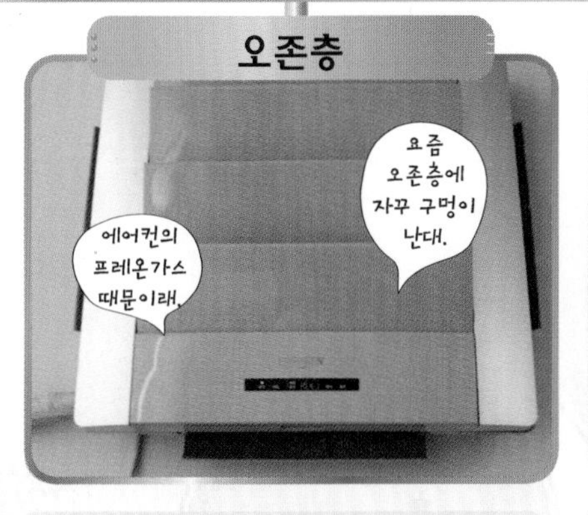

91 **대기 중에 있는 이것은 지구로 오는 자외선을 막아 줘. 이것은 무엇일까?**

① 구름층 ② 공기층
③ 오존층

92 **극의 오존층에 구멍이 뚫렸어. 왜 구멍이 뚫렸을까?**

① 에어컨, 냉장고를 많이 써서
② 우주선이 구멍을 뚫고 나가서
③ 남극에 햇빛이 세게 비쳐서

93 **오존층 구멍은 매일매일 커지고 있어. 자꾸 커지면 어떤 일이 생길까?**

① 피부암이 늘어나.
② 비가 더 많이 와.
③ 피부가 하얗게 돼.

엘니뇨, 라니냐

94 **얼마 전 페루 근처 바다의 온도가 높아졌어. 무슨 일이 일어났을까?**

① 오징어가 떼죽음을 당했어.
② 바닷말이 모두 죽었어.
③ 바다에 화산이 터졌어.

95 **페루 바다의 온도가 높아지자 땅에선 어떤 일이 일어났을까?**

① 홍수가 났어.
② 큰 산불이 났어.
③ 우박이 떨어졌어.

96 **바다의 온도가 높아지는 현상을 엘니뇨라고 해. 그럼 바다의 온도가 낮아지는 현상을 뭐라고 할까?**

① 해일 ② 라니냐
③ 적조 현상

정답과 해설은 뒤쪽에 있어.

집중탐구 퀴즈 정답 & 해설

날씨가 어떨까?

정답 85. ① 86. ② 87. ②

달무리는 달 둘레에 보이는 하얀 빛의 테두리인데, 달빛이 구름에 꺾이면서 생겨요. 그래서 달무리가 생기면 다음 날은 비가 내려요.

흐린 날에는 제비가 낮게 날아요. 습기가 많아서 무거워진 날개 때문에 낮게 나는 곤충을 잡아먹기 위해서예요.

비가 오기 전에는 청개구리가 더 크게 울어요. 습도가 높아져 호흡이 잘 되기 때문이에요.

대기오염

정답 88. ② 89. ② 90. ②

지구는 점점 더워지고 있어요. 공장 매연이나 자동차 매연 등에 공기가 오염되고, 오염된 공기가 지구의 열이 밖으로 빠져나가는 것을 막기 때문이에요. 자꾸만 지구가 더워지면 극지방의 얼음이 녹을 수 있어요. 그러면 바다 높이가 점점 올라가 땅이 잠기게 될 거예요.

오염된 물질이 섞인 산성비가 내리면 나뭇잎이 마르고 농작물이 잘 자라지 못해요.

오존층

정답 91. ③ 92. ① 93. ①

땅 위 25~35킬로미터에는 '오존'이 많이 모인 오존층이 있어요. 오존층은 태양 빛 중에서 우리에게 나쁜 영향을 주는 자외선을 막아 줘요. 그런데 이 오존층에 구멍이 뚫렸어요. 냉장고나 에어컨을 차갑게 하는 프레온가스가 대기에 올라가서 구멍을 냈기 때문이에요.
오존층에 구멍이 뚫려 우리 몸에 닿는 자외선 양이 늘어나 백내장이나 피부암 환자가 늘고 있어요.

엘니뇨, 라니냐

정답 94. ① 95. ① 96. ②

엘니뇨는 바다의 온도가 2~3도 높아지는 현상이에요. 엘니뇨는 공기의 흐름을 뒤죽박죽으로 만들고 날씨도 뒤바꿔요. 엘니뇨가 일어난 페루 바다에서는 오징어가 떼죽음을 당하고, 땅에는 큰 홍수가 일어났어요.
라니냐는 바다의 온도가 낮아지는 현상이에요. 만약 엘니뇨로 홍수가 난 곳에 라니냐가 발생하면 가뭄이, 가뭄이 든 곳에는 홍수가 나요.

138~139쪽 정답이야.

교과서 도전 퀴즈

학교 시험에는 어떻게 나올까? 도전해봐!

정답 144쪽

1 여름철에 즐겨 먹는 음식 1학년

냉면

삼계탕

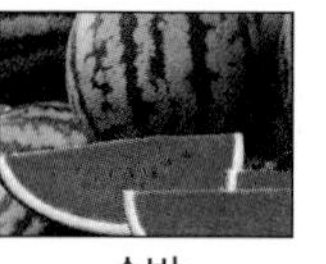
수박

귤

1. 위의 음식은 모두 여름에만 먹을 수 있다. (○ , ×)
2. 삼계탕은 영양을 보충하기 위해서 먹는다. (○ , ×)
3. 냉면은 오늘날에 먹는 음식으로 옛날에는 먹지 않았다. (○ , ×)
4. 수박과 귤은 여름철에 주로 먹는 과일이다. (○ , ×)

2 가을에 하는 일 2학년

1. 가을에 농촌에서는 추수를 하고 고추를 말린다. (○ , ×)
2. 가을에 학교에서는 운동회를 한다. (○ , ×)
3. 낙엽을 쓸고, 가로수 둘레에 짚으로 벌레집을 만들어 주는 것은 도시에서 가을에 하는 일이다. (○ , ×)

144쪽 정답 5 1. × 2. ○ 3. ○ 6 1. ○ 2. × 3. × 4. ○

3 바람의 방향 3학년

- 바람의 방향은 바람이 불어 오는 쪽의 방위로 나타냅니다.
- 화살표로 나타낼 때에는 바람이 불어 가는 쪽으로 화살표를 그립니다.
- 풍향계의 화살이 가리키는 쪽이 바람의 방향입니다.

1. 남풍이 불 때 바람이 불어 오는 방향은 남쪽이다. (○ , ×)
2. 오른쪽 그림은 서풍을 표시한 것이다. (○ , ×)

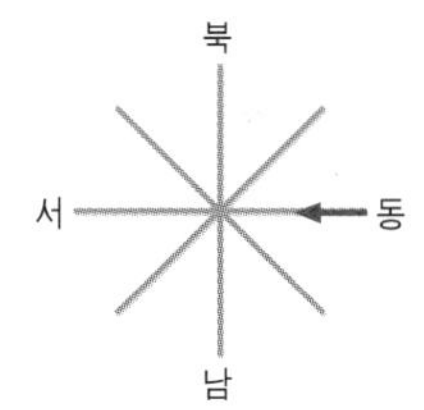

3. 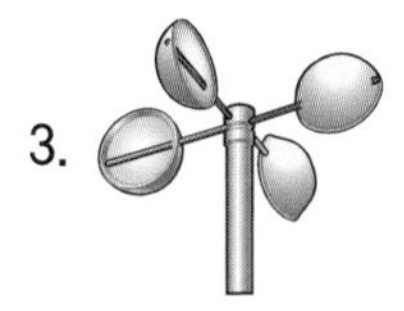 왼쪽 그림의 풍속계는 바람의 방향을 측정한다. (○ , ×)

4 지면과 수면의 온도 변화 6학년

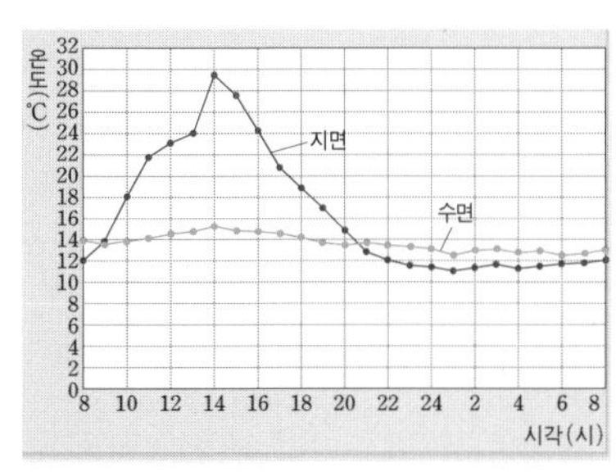

하룻동안 지면과 수면의 온도를 측정한 그래프

1. 지면과 수면 중 더 빨리 온도가 높아지는 것은 지면이다. (○ , ×)
2. 지면과 수면 중 하룻동안의 온도 변화가 더 심한 것은 수면이다. (○ , ×)

145쪽 정답 7 1. ○ 2. × 3. ○ 4. ×

교과서 도전 퀴즈

학교 시험에는 어떻게 나올까? 도전해봐!

정답 142쪽

5 물의 순환 과정 4학년

지표면의 물 —증발→ 수증기 —응결→ 구름 —비 · 눈→ 지표면

1. 공기 중의 수증기가 응결하여 지표면 가까이에 떠 있는 것이 구름이다. (○ , ×)
2. 구름 속의 크고 작은 물방울들이 한데 뭉쳐 점점 크고 무거워져 공중에 떠 있을 수 없어 떨어지는 것이 비이다. (○ , ×)
3. 물은 수증기, 비, 눈 등 여러 모습으로 바뀌면서 지표와 대기 사이를 순환한다. (○ , ×)

6 일기 예보 6학년

우리나라 주위의 일기도

1. 우리나라는 고기압의 영향으로 전국이 맑은 날씨를 보일 것이다. (○ , ×)
2. 등압선의 간격이 넓으므로 우리나라에는 바람이 강하게 불 것이다. (○ , ×)
3. 고기압과 저기압은 우리나라의 동쪽에서 서쪽으로 이동한다. (○ , ×)
4. 이 일기도만으로도 바람의 방향을 알 수 있다. (○ , ×)

142쪽 정답 1 1. × 2. ○ 3. × 4. × 2 1. ○ 2. ○ 3. ○

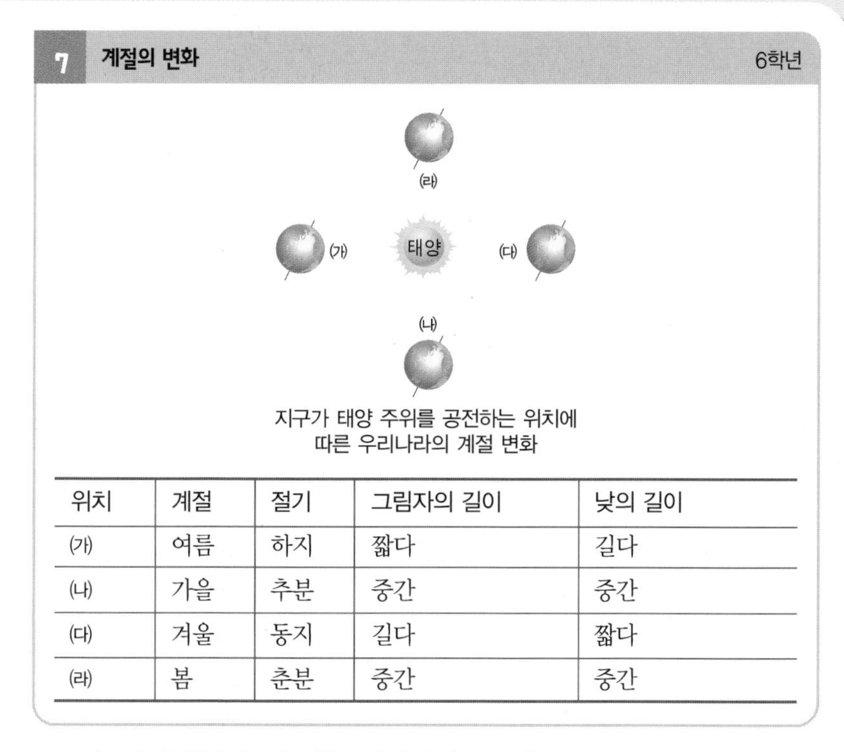

7 계절의 변화

6학년

지구가 태양 주위를 공전하는 위치에
따른 우리나라의 계절 변화

위치	계절	절기	그림자의 길이	낮의 길이
(가)	여름	하지	짧다	길다
(나)	가을	추분	중간	중간
(다)	겨울	동지	길다	짧다
(라)	봄	춘분	중간	중간

1. 지구의 자전축은 23.5° 기울어져 있다. (○ , ×)
2. 자전축이 기울어지지 않은 채 공전하여도 밤낮의 길이는 변할 것이다. (○ , ×)
3. 태양이 북위 23.5° 수직으로 비출 때 우리나라에서는 태양의 고도가 가장 높다. (○ , ×)
4. 태양이 적도를 수직으로 비출 때 우리나라의 계절은 여름이다. (○ , ×)

143쪽 정답 3 1.○ 2.× 3.× 4 1.○ 2.×

우주

- OX 퀴즈
- 있다없다 퀴즈
- 네모 퀴즈
- 사다리 퀴즈
- 왜?왜? 퀴즈

stage 2

- 집중탐구 퀴즈

우주의 탄생 · 우주의 크기
우주에서는 · 우주 속에는
별의 일생 · 별의 성질
블랙홀 · 성운
성단 · 은하
우리은하 · 태양계 1
태양계 2 · 태양
태양계 행성 1 · 태양계 행성 2

- 속담 퀴즈
- 또또 퀴즈

stage 3

집중탐구 퀴즈

교과서 도전 퀴즈

OX 퀴즈

맞으면 ○, 틀리면 ×에 ○표 하는 거야. 이제 시작이라고!

정답 150쪽

○ …… 1 태양은 수명을 다하면 죽는다. …… ×

○ …… 2 지구는 우주의 탄생과 함께 만들어졌다. …… ×

○ …… 3 우주는 빅뱅으로 만들어졌다. …… ×

○ …… 4 태양은 흰색 별이다. …… ×

○ …… 5 달은 스스로 돌면서 지구 주위를 돈다. …… ×

○ …… 6 수성의 표면은 쭈글쭈글하다. …… ×

○ …… 7 태양에 가까운 수성이 금성보다 온도가 높다. …… ×

○ …… 8 지구는 태양계에서 유일하게 생명체가 사는 행성이다. …… ×

각 쪽을 잘 보고, 답을 맞춰 봐. 누가 더 많이 맞췄을까……

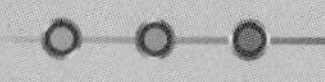

있다없다 퀴즈

있을까? 없을까? 알쏭달쏭~~ 비밀의 문을 열어봐!

정답 151쪽

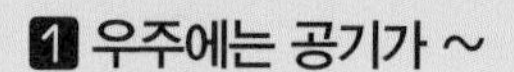

1 우주에는 공기가 ~

없다

2 우주가 만들어지기 전에 시간과 공간이 ~

없다

3 스스로 빛을 내지 않는 별이 ~

없다

4 우주에는 엄청난 힘으로 모든 것을 빨아들이는 공간이 ~

없다

5 태양계의 행성 중에는 명왕성이 ~

없다

6 우주에는 중력이 ~

없다

152-153쪽 정답 1 ① 2 ① 3 ② 4 ① 5 ① 6 ② 7 ② 8 ①

네모 퀴즈

네모 안에 들어갈 말은 뭘까? 답은 둘중 하나!

정답 152쪽

1 별이 태어난 지 100억 년이 지나면 100배 정도 커지면서 붉게 변하는 것을 ☐이라고 한다. …… 백색왜성 / 적색거성

2 타원 은하, 나선 은하, 불규칙 은하는 ☐(을)를 기준으로 나눈 것이다. …… 모양 / 위치

3 혜성은 긴 ☐를 가지고 있는 천체이다. …… 꼬리 / 고리

4 땅에 떨어진 유성을 ☐이라고 한다. …… 운석 / 혜성

5 최초로 우주에 나간 우주선은 ☐ 1호이다. …… 스푸트니크 / 우리별

6 우주의 수많은 먼지와 가스가 모인 곳을 ☐이라고 한다. …… 성단 / 성운

7 온도가 가장 낮은 별은 ☐이다. …… 푸른색 / 붉은색

8 태양은 지구보다 109배 정도 큰 ☐ 덩어리다. …… 고체 / 기체

148쪽 정답 1 ○ 2 × 3 ○ 4 × 5 ○ 6 ○ 7 × 8 ○

사다리 퀴즈

알쏭달쏭 수수께끼! 사다리를 타면 답이 나와.

정답 153쪽

1 아무도 밖으로 나가 본 적은 없는 곳은?

2 늘 같은 친구들과 옮겨 다니는 것은?

3 소는 소인데 보이지 않는 소는?

4 나가기만 하고 돌아오지는 않는 것은?

5 아무리 많이 있어도 밤에만 보이는 것은?

6 성은 성인데 언제나 위에 있는 성은?

7 양은 양인데 언제나 같은 길로만 다니는 양은?

8 언제나 다른 얼굴을 하고 있는 것은?

- 위성
- 수소
- 태양
- 별
- 별자리
- 탐사선
- 달
- 우주

149쪽 정답 1 없다 2 없다 3 있다 4 있다 5 없다 6 없다

왜?왜? 퀴즈

왜? 왜 그럴까? 숨겨진 이유를 찾아봐.

정답 149쪽

● 왜 별은 모두 동그란 모양일까?

① 중심에서 끌어당겨서

② 스스로 돌아서

● 왜 별이 태어난 지 100억 년이 지나면 크기가 커지고 붉게 변할까?

① 중심의 에너지를 다 쓰고 바깥 에너지를 써서

② 별 속에 먼지가 많이 모여서

● 왜 태양은 항상 뜨거울까?

① 석유가 불타서

② 계속 폭발이 일어나서

● 왜 태양 표면에는 얼룩덜룩한 무늬가 생길까?

① 기체가 끓어올라서

② 그림자가 생겨서

150쪽 정답 1 적색거성 2 모양 3 꼬리 4 운석 5 스푸트니크 6 성운 7 붉은색 8 기체

5

- 왜 밤하늘의 달에는 밝은 곳도 있고 어두운 곳도 있을까?

① 크레이터에 그림자가 생겨서
② 온도가 달라서

6

- 왜 우주에서 가장 비싼 별은 루시일까?

① 가장 밝게 빛나서
② 가장 큰 별이어서

7

- 왜 15년 동안 우주에 머문 우주 정류장 미르는 산산조각이 났을까?

① 강한 태양열 때문에
② 지구의 대기와 충돌해서

8

- 왜 달의 낮과 밤은 온도 차이가 클까?

① 공기를 잡아 둘 수 없어서
② 태양과 멀리 떨어져 있어서

151쪽 정답 1 우주 2 별자리 3 수소 4 탐사선 5 별 6 위성 7 태양 8 달

stage 2 집중탐구 퀴즈

문제를 잘 읽고 맞는 것을 골라봐. 쉽지 않을걸!

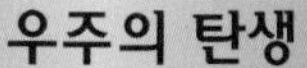

1 우주는 뭘까?

① 별이 모여 있는 곳
② 깜깜해서 눈으로 볼 수 없는 곳
③ 모든 물질과 시간을 포함하는 거대한 공간

2 지구는 46억 년 전에 만들어졌어. 그럼 우주는 언제 만들어졌을까?

① 지구가 만들어지기 전에
② 지구가 만들어진 시기에
③ 지구가 만들어진 후에

3 맨 처음 작은 덩어리였던 우주가 어떻게 커다란 우주가 되었을까?

① 작은 덩어리가 부풀어서
② 작은 덩어리가 폭발해서
③ 작은 덩어리가 쪼개져서

4 우주는 150억 년 전에 만들어졌어. 그럼, 그 전에는 무엇이 있었을까?

① 아무것도 없었어.
② 빛과 열만 있었어.
③ 먼지와 가스만 있었어.

5 우주는 만들어질 때부터 지금까지 계속 커지고 있어. 왜 계속 커질까?

① 별이 계속 새로 만들어져서
② 우주가 만들어질 때 폭발했던 힘이 남아서

6 우주는 지금도 계속 커지고 있어. 그럼 앞으로도 계속 커질까?

① 그럼, 계속 커질 거야.
② 아니, 점점 작아질 거야.
③ 어떻게 될지 알 수 없어.

우주에서는

7 우주에서는 왜 소리를 들을 수 없을까?

① 소리를 내는 물체가 없어서
② 소리를 전달하는 공기나 물이 없어서
③ 우주가 소리를 빨아들여서

8 우주에서는 모든 것이 둥둥 떠다녀. 왜 그럴까?

① 잡아당기는 힘이 없어서
② 먼지가 너무 많아서
② 공기가 없어서

9 우주에서 공을 던지면 어떻게 될까?

① 곧바로 떨어져.
② 멈추지 않고 계속 날아가.
③ 뱅글뱅글 원을 그려.

우주 속에는

10 태양처럼 스스로 빛을 내는 천체를 항성이라고 해. 그럼 지구처럼 빛을 내지 않는 천체를 뭐라고 할까?

① 항성 ② 행성 ③ 위성

11 우주의 별은 1,000억 개 이상씩 서로 모여 있어. 이렇게 별이 무리 지어 있는 공간을 뭐라고 할까?

① 은하 ② 성운 ③ 태양계

12 별은 은하 속에 흩어져 있기도 하고 수백 개에서 수십만 개가 모여 있기도 해. 은하 속에 별이 모인 곳을 뭐라고 할까?

① 성단 ② 위성 ③ 블랙홀

정답과 해설은 뒤쪽에 있어.

집중탐구 퀴즈 정답&해설

우주의 탄생

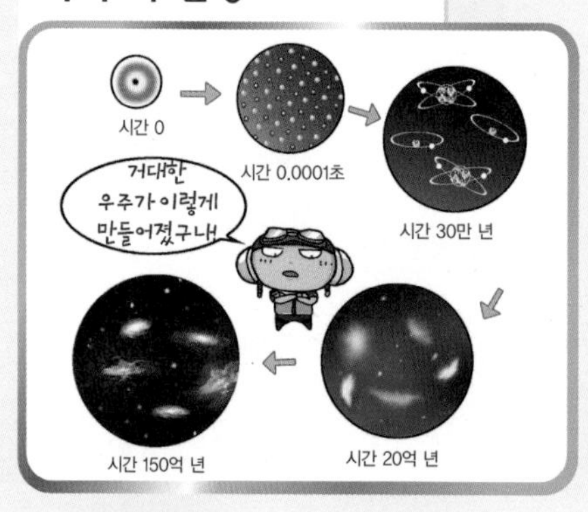

정답 1.③ 2.① 3.②

우주는 사람과 동식물 같은 생명체, 지구 같은 행성, 태양처럼 빛나는 별 등의 모든 생물과 물체는 물론, 시간까지 포함하고 있는 거대한 공간이에요. 우주는 150억 년 전에 처음 만들어졌어요. 우주 속의 태양계는 130억 년 전에 만들어졌고, 지구는 약 46억 년 전에 만들어졌어요.
맨 처음 우주는 바늘귀보다 작은 덩어리였어요. 이 덩어리 속에 에너지가 꽉 차 있다가 갑자기 폭발해 우주가 만들어졌어요. 우주가 갑자기 폭발한 것을 '빅뱅' 이라고 해요.

우주의 크기

정답 4.① 5.② 6.③

우주가 만들어지기 전에는 아무것도 없었어요. 심지어 시간도 공간도 없었어요.
우주는 150억 년 전에 폭발했던 빅뱅의 힘으로 지금도 계속 커지고 있어요. 하지만 우주의 미래는 예측하기 힘들어요. 어떤 과학자는 우주가 계속 커질 것이라고 하고, 어떤 과학자는 커지지 않고 멈출 것이라고 해요. 많은 과학자는 우주가 불어도 터지지 않는 풍선처럼 계속 커질 것이라고 하지만, 우주가 어떻게 될지 아무도 정확히 알지 못해요.

우주에서는

정답 7. ② 8. ① 9. ②

우주에서는 소리를 들을 수 없어요. 우주에는 소리를 전달해 주는 공기나 물이 없기 때문이에요.

우주에는 물체를 아래로 잡아당기는 힘인 중력이 없어요. 우리가 땅에 발을 딛고 살 수 있는 건 지구의 중심에서 잡아당기는 힘이 있기 때문인데, 우주에는 이 힘이 없어서 모든 것이 공중에 둥둥 떠다녀요.

우주에서 공을 던지면, 공은 멈추지 않고 영원히 날아가요. 우주에는 물체가 움직일 때 물체를 방해하는 힘이 없기 때문이에요.

우주 속에는

정답 10. ② 11. ① 12. ①

우주에는 태양처럼 스스로 빛을 내는 항성(恒星)이 있어요. 항성은 흔히 별이라고 해요. 또 지구처럼 스스로 빛을 내지 않는 행성(行星)도 있어요. 수성이나 금성도 행성이에요. 항성과 행성은 모두 먼지와 가스가 모여 만들어져요.

은하는 별이 1,000억 개 이상 모여 있는 공간이에요. 우주에는 이런 은하가 1,000억 개쯤 있어요.

성단(星團)은 은하 속에 별이 모여 있는 집단이에요. 보통 별이 수백 개 또는 수십만 개가 모여 있어요.

154~155쪽 정답이야.

문제를 잘 읽고 맞는 것을 골라봐. 쉽지 않을걸!

별의 일생

13 별은 먼지와 가스로 만들어져. 먼지와 가스가 어떻게 별이 될까?

① 서로 뭉쳐서
② 부풀어서
③ 쪼개져서

14 별이 스스로 빛을 낼 수 있는 건 별의 중심에서 이것이 폭발하기 때문이야. 무엇이 폭발하고 있을까?

① 산소 ② 수소 ③ 석유

15 태양과 같은 별을 주계열성이라고 불러. 주계열성이란 무엇일까?

① 중심에서 계속 빛과 열을 내는 별
② 태어난 지 50억 년이 지난 별
③ 별의 크기가 갑자기 커진 별

별의 성질

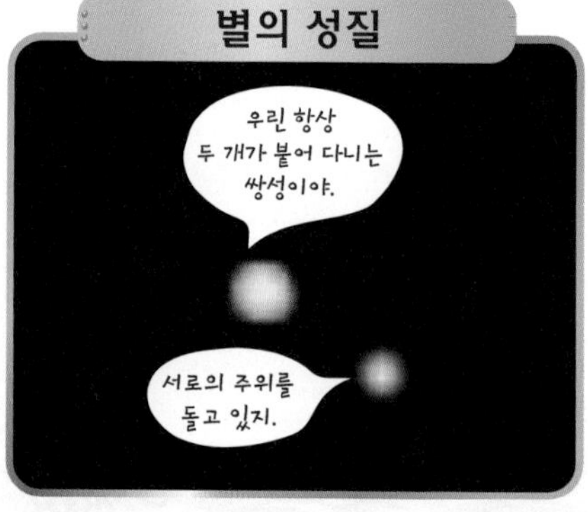

16 태양은 노란색인데 시리우스는 흰색이야. 왜 별의 색은 다를까?

① 별빛이 먼지에 가려서
② 별이 폭발하고 있어서
③ 별의 온도가 달라서

17 어떤 별은 밝았다가 갑자기 흐렸다를 반복해. 왜 그럴까?

① 온도가 변해서
② 수명이 다해서
③ 계속 움직여서

18 별 중의 75퍼센트는 쌍성이야. 쌍성이란 무엇일까?

① 두 별이 서로 똑같이 생긴 것
② 두 별이 서로의 주위를 도는 것
③ 두 별이 서로 붙어 있는 것

블랙홀

성운

19 블랙홀은 모든 것을 빨아들여. 왜 그럴까?

① 센바람이 불어서
② 끌어당기는 힘이 세서
③ 빨아들이는 물질이 안에 있어서

20 블랙홀은 빛도 빨아들여. 블랙홀은 어떻게 만들어졌을까?

① 가스가 뭉쳐서
② 무거운 별이 폭발해서
③ 별이 부딪혀서

21 만약 블랙홀이 지구를 빨아 들인다면 지구는 어떻게 될까?

① 탁구공만큼 작아져.
② 태양만큼 커져.
③ 국수가락처럼 늘어나.

22 성운은 먼지와 가스가 모여 있는 곳이야. 성운에서 일어나는 일은 무엇일까?

① 새로운 별이 만들어져.
② 블랙홀이 만들어져.
③ 혜성이 만들어져.

23 대부분의 성운은 일정한 모양이 없는데 행성상 성운은 원반이나 반지 모양이야. 왜 그럴까?

① 먼지와 가스가 서로 잡아당겨서
② 별이 죽으며 먼지를 벗어 내서

24 반사 성운은 별빛을 반사해서 빛을 내. 발광 성운은 어떻게 빛을 낼까?

① 빛을 내는 물질이 부딪치면서
② 먼지가 움직이면서
③ 가스가 뜨거워지면서

정답과 해설은 뒤쪽에 있어.

별의 일생

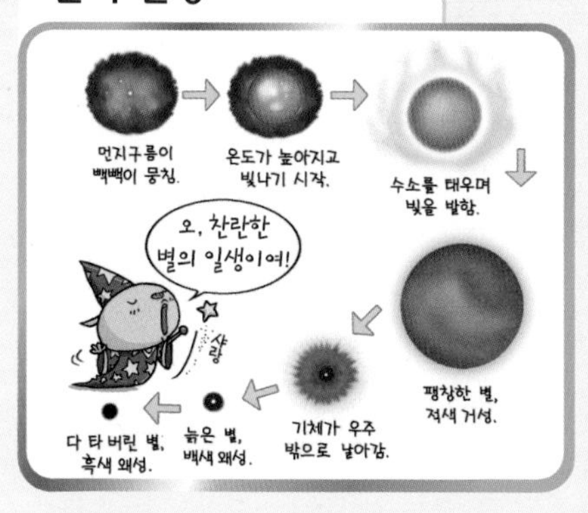

정답 13.① 14.② 15.①

별은 먼지와 가스가 뭉쳐서 만들어져요. 먼지와 가스가 뭉치면 안에서 끌어당기는 힘이 생겨서 먼지와 가스가 더 많이 모여요. 이렇게 모인 먼지와 가스는 온도와 압력이 높아지며 원시별이 돼요. 원시별의 온도가 100만 도 이상이 되면 별 속의 수소가 폭발하면서 빛과 열을 내며 밝게 빛나는데, 이런 별을 '주계열성'이라고 해요. 태양도 주계열성이에요. 별은 일생의 90퍼센트를 주계열성 상태로 보내는데, 이 기간이 보통 100만 년 이상이에요.

별의 성질

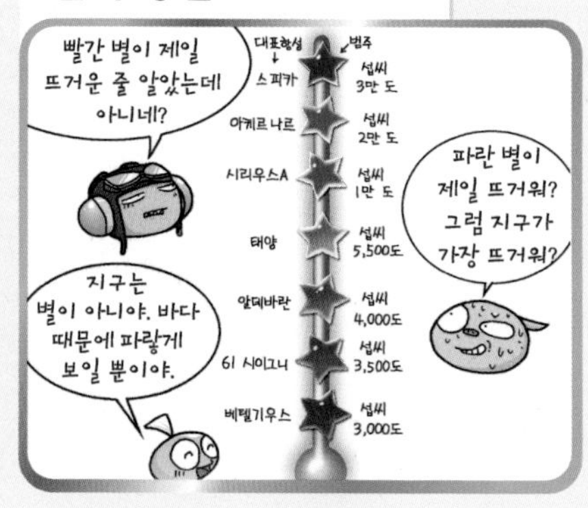

정답 16.③ 17.② 18.②

별들은 온도에 따라 색이 달라요. 예를 들어 노란색 별은 겉부분 온도가 6,000도예요. 온도가 가장 낮은 별은 붉은색으로, 온도가 3,000도 정도 돼요. 푸른색 별은 온도가 가장 높아 2만 도 정도 돼요.

어떤 별은 죽을 때쯤 크기가 작아졌다 커졌다 하면서 밝기가 달라지기도 해요. 이렇게 밝기가 달라지는 별을 '변광성' 이라고 해요.

별이 두 개씩 짝을 이루어 도는 것을 '쌍성' 이라고 해요. 별 중 75퍼센트는 쌍성이에요.

블랙홀

정답 19.② 20.② 21.③

블랙홀은 엄청난 힘으로 모든 것을 끌어당기는 천체예요. 블랙홀은 맨 처음 우주가 폭발할 때 만들어진 작은 덩어리가 뭉쳐서 만들어졌다는 주장과 태양보다 30배 이상 큰 별이 폭발해서 만들어졌다는 두 가지의 주장이 있어요.

블랙홀은 잡아당기는 힘이 엄청나게 세서 물체는 물론, 빛이나 에너지까지도 끌려 들어가 밖으로 나올 수 없어요. 만약 지구가 블랙홀 안으로 끌려 들어간다면 국수가락처럼 늘어나 산산조각 날 거예요.

성운

정답 22.① 23.② 24.③

우주의 수많은 먼지와 가스가 모인 곳을 '성운(星雲)'이라고 해요. 성운에서는 새로운 별이 태어나기도 하고, 별이 죽을 때 먼지와 가스를 벗겨 내기도 해요. 별이 죽을 때 먼지와 가스를 벗어 내는 성운은 행성상 성운으로, 보통 원반이나 반지 모양이에요. 행성상 성운 이외의 다른 성운은 일정한 모양이 없어요.

반사 성운은 근처의 별빛을 반사해 푸른빛을 띠어요. 발광 성운은 별빛 때문에 먼지와 가스가 뜨거워져 스스로 빛을 내요.

158-159쪽 정답이야.

집중탐구 퀴즈

문제를 잘 읽고 맞는 것을 골라봐. 쉽지 않을걸!

성단

은하

25 새로 태어난 별들은 산개 성단에 모여 있어. 100억 년 이상 된 늙은 별들은 어디에 모여 있을까?

① 구상 성단 ② 산개 성단
③ 발광 성단

26 산개 성단에는 갓 태어난 별들이 모여 있어. 어떻게 모여 있을까?

① 모두 한곳에 뭉쳐 있어.
② 불규칙하게 흩어져 있어.
③ 두 개씩 짝을 지어 있어.

27 구상 성단의 별들은 동그랗게 모여 있어. 왜 그럴까?

① 은하의 중심에서 만들어져서
② 다른 별들을 서로 끌어당겨서
③ 중심에 있는 별이 무거워서

28 별들이 모인 은하는 가운데 부분이 가장 밝아. 왜 그럴까?

① 가운데 가장 밝은 별이 있어서
② 가운데 가장 큰 별이 있어서
③ 가운데에 별이 가장 많아서

29 만약 은하와 은하가 서로 부딪히면 어떻게 될까?

① 새로운 은하가 생겨.
② 폭발해서 먼지와 가스로 변해.
③ 커다란 블랙홀이 생겨.

30 우리은하는 지구와 태양이 속한 은하야. 그럼 우리은하와 가장 가까이 있는 은하는 뭘까?

① 마젤란 은하 ② 이웃 은하
③ 안드로메다 은하

우리은하

31 우리은하는 어떻게 만들어졌을까?

① 흩어진 별들이 서로를 끌어당겨서
② 거대한 먼지와 가스 속에서 별들이 만들어져서

32 마젤란 은하는 별이 불규칙하게 모여 있어. 그럼 우리은하는 어떤 모양일까?

① 타원 모양 ② 나선 모양
③ 직선 모양

33 여름 밤하늘에서 별무리가 남북으로 길게 늘어선 걸 볼 수 있어. 이것을 뭐라고 할까?

① 은하수 ② 별똥별 ③ 혜성

태양계 1

34 태양계란 무엇일까?

① 태양과 태양에 영향을 받는 천체들
② 태양과 주변의 얼음 알갱이들
③ 태양과 주변의 먼지들

35 우리은하에는 1,000억 개 이상의 별이 있어. 그럼 태양계에는 몇 개의 별이 있을까?

① 한 개 ② 열 개
③ 1,000억 개

36 태양 주위에는 행성이 돌고 있어. 몇 개의 행성이 돌고 있을까?

① 한 개 ② 다섯 개
③ 여덟 개

정답과 해설은 뒤쪽에 있어.

집중탐구 퀴즈 정답 & 해설

성단

정답 25. ① 26. ② 27. ①

별이 빽빽이 모여 있는 성단에는 산개 성단과 구상 성단이 있어요.
산개 성단은 새로 만들어진 별이 모여서 밝고 푸른색을 띠어요. 산개 성단의 별들은 특별한 모양 없이 불규칙하게 모여 있어요. 산개 성단은 우리은하의 나선 팔 부분에 많아요.
구상 성단에는 약 100억 년 이상 오래된 별이 모여서 노란색과 붉은색을 띠어요. 구상 성단의 별들은 은하가 만들어질 때 은하의 중심에서 만들어져서 동그랗게 모여 있어요.

은하

정답 28. ③ 29. ① 30. ①

은하는 모양에 따라 타원 은하, 나선 은하, 불규칙 은하로 나뉘어요.
타원 은하는 타원 모양으로, 중심에 별이 많이 모여 있어 중심이 가장 밝아요. 나선 은하는 나선 모양의 팔이 있고, 불규칙 은하는 별들이 흩어져 있어요.
은하는 우주에 1,000억 개 이상 있지만, 서로 멀리 떨어져 있어서 부딪칠 일은 없어요. 그런데 만약 부딪치면 새로운 은하가 되거나 서로를 통과할 거예요. 우리은하에서 가장 가까운 은하는 마젤란 은하예요.

우리은하

정답 31. ② 32. ② 33. ①

우주에 있는 수많은 은하 중에서 우리가 사는 지구가 속한 은하를 '우리은하'라고 불러요. 우리은하는 거대한 먼지와 가스가 서서히 뭉쳐 약 130억 년 전에 만들어졌어요.
우리은하는 동그란 원을 중심으로 기다란 팔이 감싼 듯 보이는 나선 모양이에요.
맑은 날 밤에 별무리가 남북으로 길게 늘어선 것을 볼 수 있어요. 이것은 우리은하의 나선 팔 부분으로 '은하수'라고 불려요. 은하수는 7~9월 밤하늘에 잘 보여요.

태양계 1

정답 34. ① 35. ① 36. ③

우리은하 속에는 태양계가 있어요. 태양계는 태양과 태양의 잡아당기는 힘에 영향을 받는 모든 천체가 속해요. 즉 태양과 태양 주위를 도는 행성, 행성 주위를 도는 위성, 수많은 소행성과 혜성이 속해요. 태양계에서 스스로 빛을 내는 별은 태양 하나뿐이에요. 태양 주위엔 수성, 금성, 지구, 화성, 목성, 토성, 천왕성, 해왕성 등 여덟 개의 행성이 있어요. 행성들은 태양에서 떨어진 거리는 다르지만, 모두 각자 정해진 길을 따라 태양 주위를 돌아요.

162-163쪽 정답이야.

집중탐구 퀴즈

문제를 잘 읽고 맞는 것을 골라봐. 쉽지 않을걸!

태양계 2

태양

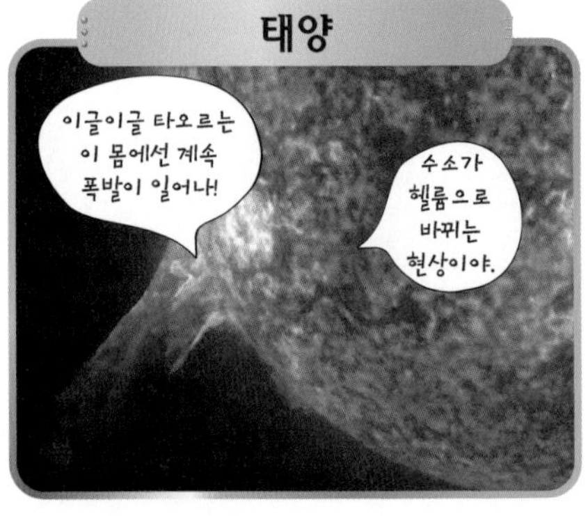

37 태양계는 우리은하에 속해 있어. 태양계는 우리은하의 어디쯤에 있을까?

① 우리은하의 맨 끝
② 우리은하의 중심에서 3분의 2 정도 떨어진 곳

38 태양계에는 태양과 태양 주변을 도는 행성, 그리고 행성보다 작은 이것들로 이루어져 있어. 이것들은 뭘까? (답은 2개)

① 소행성 ② 혜성 ③ 성운

39 태양계에 속한 달은 지구의 주위를 돌아. 이렇게 행성 주위를 도는 천체를 뭐라고 할까?

① 위성 ② 소행성 ③ 혜성

40 태양은 태양계에 있는 지구 같은 행성보다 훨씬 커. 지구의 몇 배 정도 될까?

① 52배 ② 109배
③ 250배

41 지구처럼 태양계 행성들은 모두 스스로 도는 자전을 해. 태양도 그럴까?

① 그럼, 태양도 자전을 해.
② 아니, 태양은 자전을 하지 않아.

42 태양 표면에는 가끔 작고 검은 흑점이 나타나. 흑점은 왜 생길까?

① 주위보다 온도가 낮아서
② 흙으로 이루어진 곳이어서
③ 수명을 다하고 죽은 곳이어서

태양계 행성 1

태양계 행성 2

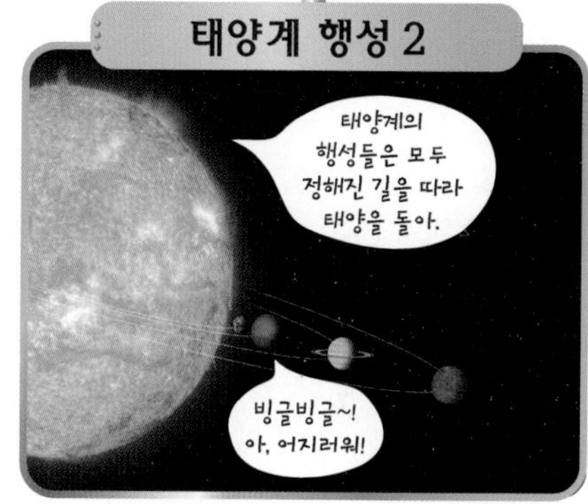

43 태양계에는 지구 같은 행성이 여덟 개가 있어. 어떻게 만들어졌을까?

① 먼지와 가스가 뭉쳐서
② 태양이 만들어질 때 튀어나온 물질들이 커져서

44 지구형 행성은 단단한 암석으로 이루어져 있어. 그럼 목성형 행성은 무엇으로 이루어져 있을까?

① 얼음 ② 기체 ③ 액체

45 왜 암석으로 이루어진 행성은 태양과 가깝고, 가스로 이루어진 행성은 태양에서 멀리 떨어져 있을까?

① 무거운 물질이 태양 근처에 많아서
② 무거운 행성이 먼저 만들어져서

46 지구는 스스로 돌며 태양 주위를 돌아. 다른 행성은 어떨까?

① 자전만 해.
② 공전만 해.
③ 자전과 공전을 모두 해.

47 행성들마다 태양과의 거리가 다 달라. 왜 그럴까?

① 태양이 끌어당기는 힘이 달라서
② 크기가 달라서
③ 만들어진 위치가 달라서

48 왜 태양계 행성들은 모두 태양 주위를 돌지만 서로 부딪친 적이 없을까?

① 행성들 간의 거리가 멀어서
② 행성들의 크기가 작아서
③ 행성들의 도는 길이 달라서

정답과 해설은 뒤쪽에 있어.

태양계 2

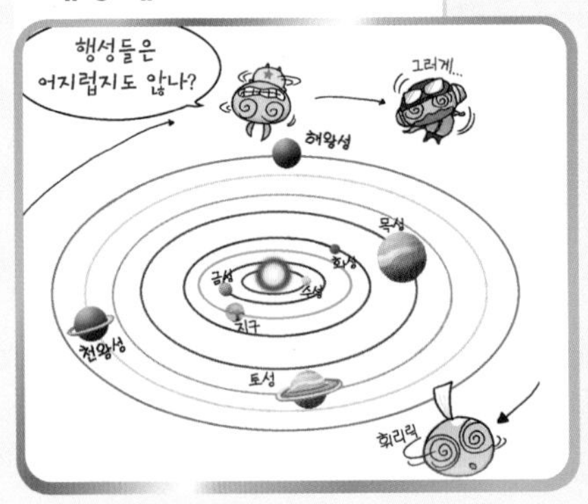

태양

정답 37. ② 38. ①, ② 39. ①

태양계는 우리은하의 나선 모양의 팔에 위치해요. 우리은하의 중심에서 3분의 2 정도 떨어진 곳에 있어요. 태양계에는 수많은 소행성과 혜성이 있어요. 소행성과 혜성이 어떻게 만들어졌는지에 대해서는 여러 가지 주장이 있어요. 그 중 먼지와 가스 덩어리가 행성처럼 크게 뭉쳐지지 못한 것이라는 주장이 가장 많은 과학자들의 생각이에요.
위성은 행성 주위를 도는 천체예요. 태양계 행성들은 수성과 금성만 빼고 모두 위성을 가지고 있어요.

정답 40. ② 41. ① 42. ①

태양은 지구보다 109배 정도 큰 기체 덩어리예요. 태양은 태양계의 여덟 개의 행성을 모두 합친 것보다 1,000배가 더 무거워요.
태양계의 행성들이 모두 스스로 도는 자전을 하는 것처럼 태양도 스스로 돌아요. 태양은 27일마다 서쪽에서 동쪽으로 한 바퀴씩 돌아요.
태양 겉표면의 온도는 약 6,000도예요. 태양의 겉표면에는 주위보다 온도가 2,000도 정도 낮아 까맣게 보이는 점이 있어요. 이 곳을 '흑점'이라고 해요.

태양계 행성 1

정답 43. ① 44. ② 45. ①

태양계는 약 50억 년 전에 먼지와 가스가 뭉쳐 만들어졌어요. 행성은 태양이 만들어지고 남은 먼지와 가스가 뭉쳐서 만들어졌어요.

태양계의 행성은 지구형 행성과 목성형 행성으로 나뉘어요. 지구형 행성엔 수성, 금성, 지구, 화성이 있어요. 지구형 행성은 크기는 작지만 무거운 암석으로 이루어져서 무거워요. 목성형 행성엔 목성, 토성, 천왕성, 해왕성이 있어요. 목성형 행성은 지구형 행성보다 크지만 가벼운 기체로 이루어져서 가벼워요.

태양계 행성 2

정답 46. ③ 47. ③ 48. ③

태양계의 행성들은 모두 스스로 도는 자전과 태양 주위를 도는 공전을 해요. 행성들이 만들어질 때 먼지와 가스가 돌던 힘으로 지금도 돌고 있어요.

맨 처음 행성들은 서로 다른 곳에서 만들어져서 태양과의 거리가 모두 달라요. 그 중 수성이 태양과 가장 가깝고 해왕성이 가장 멀어요.

여덟 개의 행성은 모두 태양 주위를 돌지만 한 번도 부딪친 적이 없어요. 태양이 끌어당기는 힘에 따라 일정한 길로 움직이기 때문이에요.

166-167쪽 정답이야.

속담 퀴즈 열쇠를 찾아봐. 속담이 보일 거야.

▒가 크다고 하늘의 별을 딸까

➔ 자신을 지나치게 믿어 허황된 꿈을 꾸는 것

해가 ▒▒에서 뜨겠다.

➔ 될 수 없는 일을 단정 지어 이르는 말

▒ 보고 짖는 개

➔ 어리석은 사람이 남의 말에 대해 의심해 떠들어 댐

푸른 하늘에 ▒ 박히듯

➔ 어떤 물건이 촘촘히 쌓여 있거나 쫙 깔린 모양을 이르는 말

▒▒▒ 보자고 초저녁부터 서두른다.

➔ 지나치게 일찍 서두름

달 키 별 새벽달 서쪽

또또 퀴즈

정답 33쪽

아래에서 똑같은 그림 두 개를 골라봐.

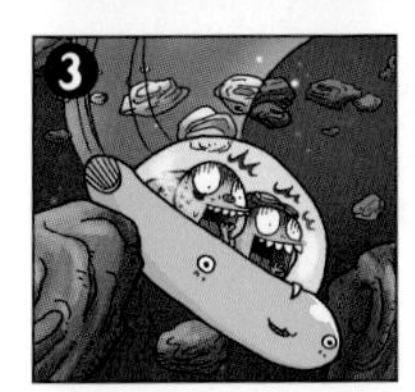

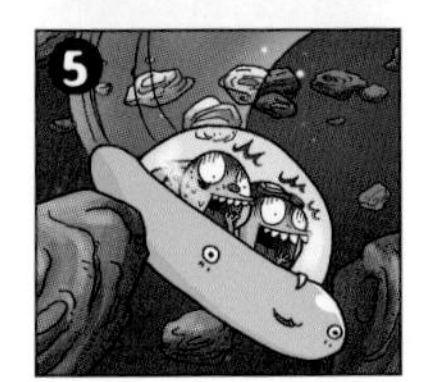

또또 퀴즈~ 정말 재미있다. 어디 어디 숨었을까?

stage 3

집중탐구 퀴즈

문제를 잘 읽고 맞는 것을 골라봐. 쉽지 않을걸!

수성

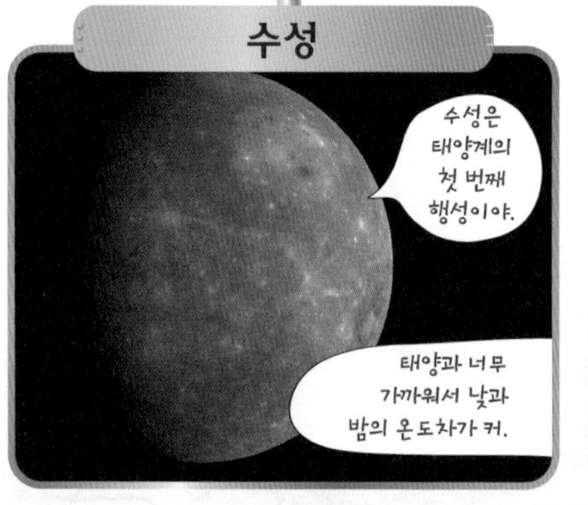

49 수성에는 지구와 달리 공기가 없어. 왜 공기가 없을까? (답은 2개)

① 태양과 너무 가까이 있어서
② 크기가 행성들 중 가장 작아서
③ 공기를 잡아당기는 힘이 약해서

50 수성은 낮에 온도가 430도까지 올라가고, 밤에는 영하 160도까지 내려가. 왜 낮과 밤의 온도 차이가 클까?

① 공기가 거의 없어서
② 태양과 너무 가까워서

51 수성의 겉표면에는 쭈글쭈글한 주름이 많아. 왜 그럴까?

① 떠다니는 암석에 부딪쳐서
② 생기자마자 금방 식어서
③ 태양열에 표면이 녹아서

금성

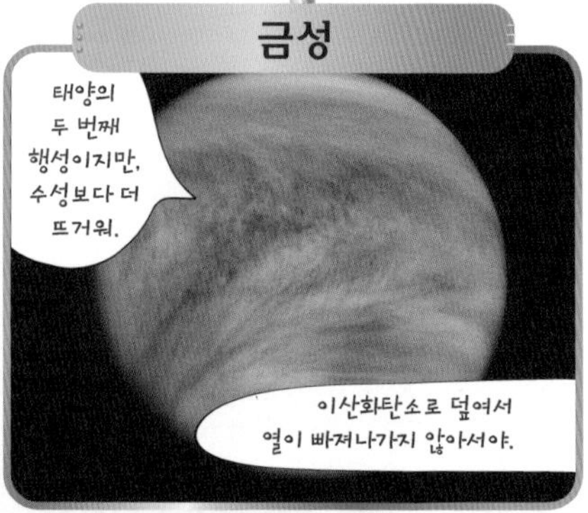

52 금성은 평소엔 밝은 노란색으로 보이는데, 가끔 검은색으로 보여. 왜 그럴까?

① 태양이 금성 뒤쪽에서 비춰서
② 태양열에 까맣게 타서
③ 온도가 갑자기 낮아져서

53 금성은 수성 다음으로 태양에 가까운 행성인데 왜 금성의 온도가 높을까?

① 열을 잘 받아들여서
② 이산화탄소로 덮여 있어서
③ 빨리 돌아서

54 금성은 공전 시간이 자전 시간보다 더 짧아. 금성에선 어떤 일이 일어날까?

① 하루가 1년보다 길어.
② 밤낮이 빨리 바뀌어.
③ 밤낮의 구분이 없어.

지구

달

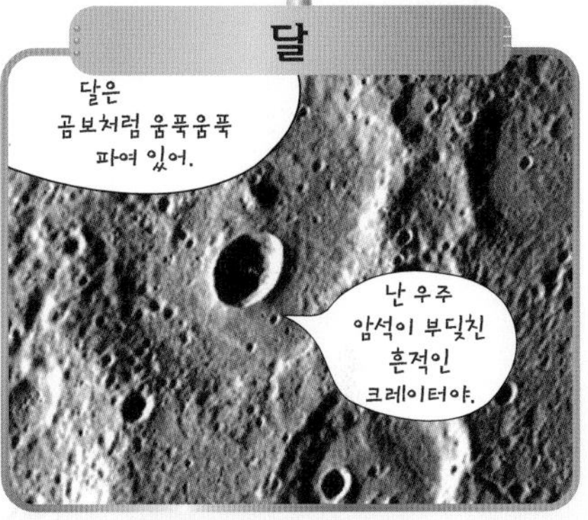

55 왜 태양계 행성들 중 지구에는 유일하게 생명체가 살고 있을까?

① 크기가 커서
② 온도가 적당해서
③ 스스로 돌아서

56 지구에는 물이 있어서 생명체가 살 수 있어. 다른 행성에도 물이 있을까?

① 그럼, 다른 행성에도 있어.
② 아니, 다른 행성에는 없어.

57 지구에는 공기가 있어. 다음 중 공기는 어떤 일을 할까? (답은 2개)

① 자전 속도를 일정하게 해 줘.
② 생물이 숨 쉴 수 있게 해 줘.
③ 온도를 적당하게 유지해 줘.

58 달은 지구 주위를 도는 위성이야. 달은 어떻게 만들어졌을까?

① 우주의 가스와 먼지가 뭉쳐서
② 암석이 뭉쳐서
③ 소행성이 지구 주위로 날아와서

59 달은 별이 아닌데 별처럼 빛나 보여. 왜 그럴까?

① 빛을 내는 암석이 있어서
② 태양 빛이 반사되어서
③ 표면이 뜨겁게 달아올라서

60 달의 겉면에는 움푹 팬 곳이 많아. 왜 그럴까?

① 온도 차이 때문에 쪼그라들어서
② 떠도는 암석에 부딪쳐서
③ 고인 물이 증발해서

정답과 해설은 뒤쪽에 있어.

집중탐구 퀴즈 정답&해설

수성

정답 49. ①, ③ 50. ① 51. ②

수성은 태양과 가장 가까운 행성으로, 태양계 행성들 중 가장 작아요. 수성은 태양과 가장 가깝고, 잡아당기는 힘이 약해서 공기가 없어요. 공기가 없는 수성은 태양열을 잡아 둘 수 없어요. 그래서 낮에는 온도가 430도까지 올라가고, 밤에는 영하 160도까지 내려가요.

수성의 표면은 쭈글쭈글해요. 맨 처음 만들어질 때 뜨거웠다가 갑자기 식으며 표면이 오그라들었기 때문이에요. 수성의 속은 지구처럼 핵, 맨틀, 지각으로 이루어져 있어요.

금성

정답 52. ① 53. ② 54. ①

금성은 황산으로 이루어진 구름 때문에 노랗게 보이는데, 가끔 까만색으로 보일 때가 있어요. 이것은 금성이 지구와 태양 사이에 들어와 금성이 태양을 가려 까맣게 보이는 금성 일식이에요. 금성 일식은 약 243년에 네 번꼴로 볼 수 있어요.

금성은 수성보다 태양에서 멀지만 수성보다 온도가 높아요. 금성의 대기 속 이산화탄소가 온실처럼 태양열을 잡아 두기 때문이에요. 금성은 자전보다 공전을 빨리 해요. 그래서 하루가 1년보다 길어요.

지구

정답 55. ② 56. ② 57. ②, ③

지구는 태양계에서 유일하게 생명체가 사는 행성이에요. 지구는 태양과의 거리가 알맞아 너무 뜨겁지도 차갑지도 않고, 물이 있는 유일한 행성이기 때문이에요. 다른 행성에는 수증기나 얼음은 있지만 물은 없어요. 또 지구에는 공기가 있어 생명체가 숨을 쉬게 해 주고, 태양과의 거리가 알맞아 생명체가 살 수 있는 적당한 온도를 만들어 줘요. 그리고 지구에는 중심에서 잡아당기는 힘이 있어서 물과 공기가 바깥으로 나가지 않아요.

달

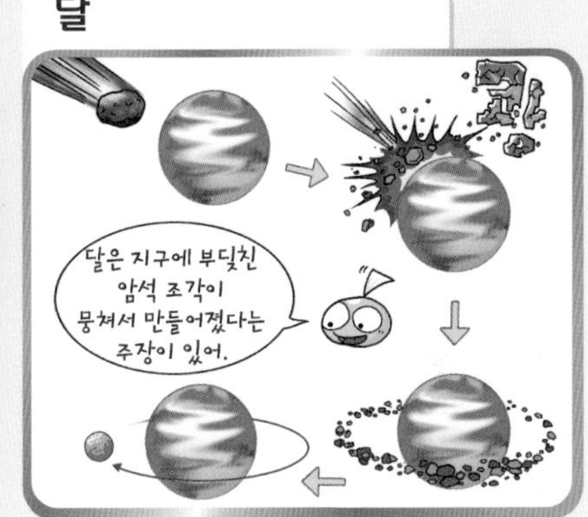

정답 58. ② 59. ② 60. ②

달은 지구 주위를 도는 지구의 위성이에요. 달이 어떻게 만들어졌는지에 대해 여러 가지 주장이 있어요. 그 중 지구에 커다란 암석이 충돌해 쪼개져 나간 부분들이 지구 주위를 돌다 서로 뭉쳐 달이 되었다는 주장을 가장 많이 믿어요.

달은 별이 아니지만 밝게 빛나요. 태양 빛이 반사되어 빛나기 때문이에요.

달에는 공기가 없어요. 그래서 우주를 떠도는 암석들이 달에 부딪쳐 '크레이터' 라는 구덩이가 생겨요.

172-173쪽 정답이야.

집중탐구 퀴즈

문제를 잘 읽고 맞는 것을 골라봐. 쉽지 않을걸!

화성

목성

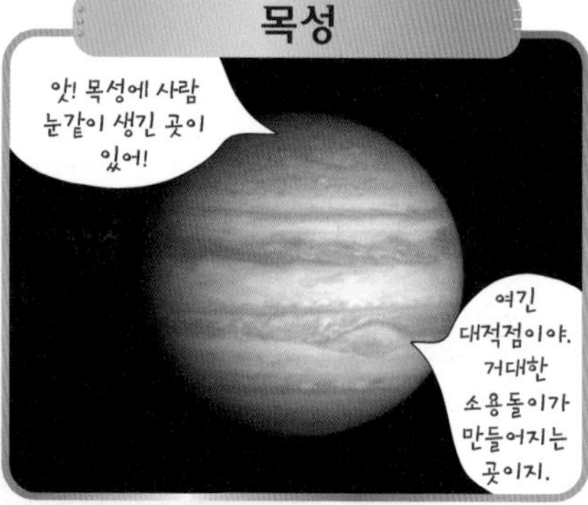

61 화성의 겉표면은 붉은색이야. 왜 그럴까?

① 흙에 녹슨 철이 있어서
② 표면이 항상 불타고 있어서
③ 태양열에 뜨겁게 달아올라서

62 화성에도 생명체가 살았다고 주장하는 사람들이 있어. 왜 그럴까?

① 지구랑 크기가 비슷해서
② 생명체 흔적이 발견돼서
③ 지구처럼 바다가 있어서

63 화성에는 에베레스트 산보다 높은 산이 있어. 이 산은 어떻게 만들어졌을까?

① 용암이 흘러 굳어서
② 뾰족한 암석이 박혀서
③ 주변이 움푹 파여서

64 목성에는 지구가 들어갈 정도로 커다란 점이 있어. 이 점은 무엇일까?

① 기체가 많이 모인 곳
② 암석이 부딪혀 움푹 파인 곳
③ 소용돌이가 일어나는 곳

65 목성은 태양처럼 수소와 헬륨으로 이루어져 있는데 왜 빛나지 않을까?

① 수소와 헬륨의 양이 적어서
② 태양 주변을 돌고 있어서
③ 온도가 너무 낮아서

66 목성의 표면에는 울긋불긋 줄무늬가 있어. 왜 그럴까?

① 흙이 여러 가지 색이어서
② 빨리 돌아서
③ 여러 색깔의 암석이 감싸서

토성

67 토성은 지구보다 큰데 가벼워. 왜 그럴까?

① 크기가 작아서
② 안이 텅 비어서
③ 가벼운 수소로 이루어져서

68 토성의 고리는 목성의 고리보다 더 잘 보여. 왜 그럴까?

① 암석으로 이루어져서
② 넓게 펴져서
③ 태양 빛에 반사돼서

69 토성은 위아래가 평평하고 가운데가 불룩한 타원형이야. 왜 타원형일까?

① 고리가 가운데를 끌어당겨서
② 빠르게 돌아서
③ 위아래에 기체가 적어서

천왕성

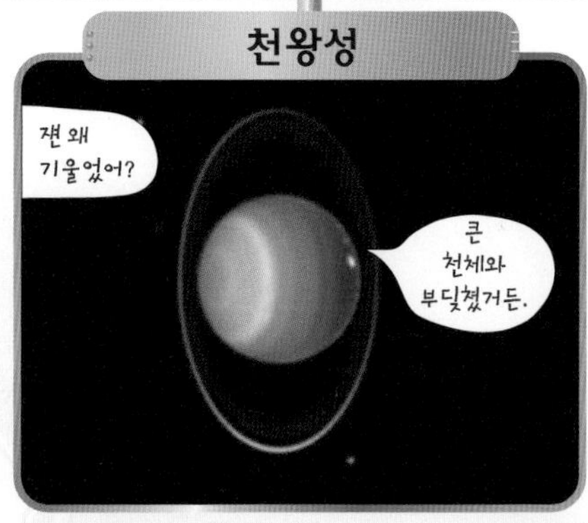

70 토성의 고리는 가로로 누워 있어. 천왕성의 고리는 어떻게 생겼을까?

① 위아래로 넓게 펴져 있어.
② 가로로 두 개가 있어.
③ 세로로 서 있어.

71 맨 처음 천왕성의 자전축은 세로였다가 가로로 기울어졌어. 왜 그럴까?

① 커다란 천체에 부딪쳐서
② 무거워져서
③ 중심에 기체가 많아서

72 천왕성은 다른 행성보다 굉장히 늦게 발견되었어. 왜 그럴까?

① 크기가 너무 작아서
② 지구에서 너무 멀어서
③ 늦게 만들어져서

정답과 해설은 뒤쪽에 있어.

집중탐구 퀴즈 정답&해설

화성

정답 61. ① 62. ② 63. ①

화성은 태양계의 네 번째 행성으로, 겉표면에 산화철이 많아서 붉게 보여요.
화성은 지구와 환경이 가장 비슷한 행성이라 생명체가 존재했다고 주장하는 사람들도 있어요. 남극에 떨어진 화성의 운석 속에서 생명체의 흔적이 발견되었기 때문이에요. 화성엔 지구의 에베레스트산보다 훨씬 높은 올림포스산이 있어요. 이 산은 화산 폭발로 용암이 굳어 생겼어요. 화성에는 포보스와 데이모스라는 두 개의 위성이 있어요.

목성

정답 64. ③ 65. ① 66. ②

태양계의 다섯 번째 행성인 목성은 태양계의 행성 중 가장 커요.
목성은 수소와 헬륨으로 이루어진 기체 덩어리예요. 만약 목성이 태양처럼 크고 수소와 헬륨이 충분히 있었다면 태양처럼 빛나는 별이 되었을 거예요.
목성의 표면에는 커다란 눈동자 모양의 대적점이 있어요. 대적점은 커다란 소용돌이로, 태풍과 같은 현상이 일어나는 곳이라고 추측하고 있어요. 목성은 자전 속도가 빨라서 대기에 줄무늬가 만들어져요.

토성

정답 67. ③ 68. ② 69. ②

토성은 수소로 이루어진 기체 덩어리 행성이에요. 토성은 지구보다 아홉 배 이상 크지만 대부분 수소로 이루어져서 가벼워요. 토성을 물에 넣으면 물 위에 둥둥 뜰 거예요.

토성은 태양계 행성들 중 가장 뚜렷한 고리가 있어요. 고리는 암석 조각과 얼음 덩어리가 1만 개 이상 모여 이루어졌어요.

토성은 위아래가 평평하고 가운데가 불룩한 타원형인데, 이것은 토성의 자전 속도가 빠르기 때문이에요.

천왕성

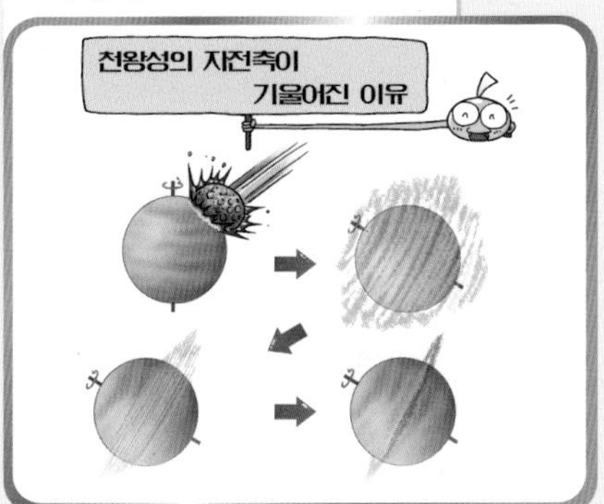

정답 70. ③ 71. ① 72. ②

천왕성은 태양계의 일곱 번째 행성으로, 지구에서 너무 멀리 떨어져 있어서 1781년에야 발견되었어요.

천왕성은 커다란 암석이 부딪쳐 자전축이 가로로 기울어졌어요. 그래서 천왕성의 고리는 토성의 고리와는 달리 세로로 서 있고, 옆으로 기울어진 채 자전과 공전을 해요.

천왕성 중심의 뜨거운 핵 주변엔 암모니아와 메탄가스가 있어요. 메탄이 태양 빛을 반사해 천왕성은 푸른 빛을 띠어요.

176-177쪽 정답이야.

집중탐구 퀴즈

문제를 잘 읽고 맞는 것을 골라봐. 쉽지 않을걸!

해왕성

태양계의 바깥

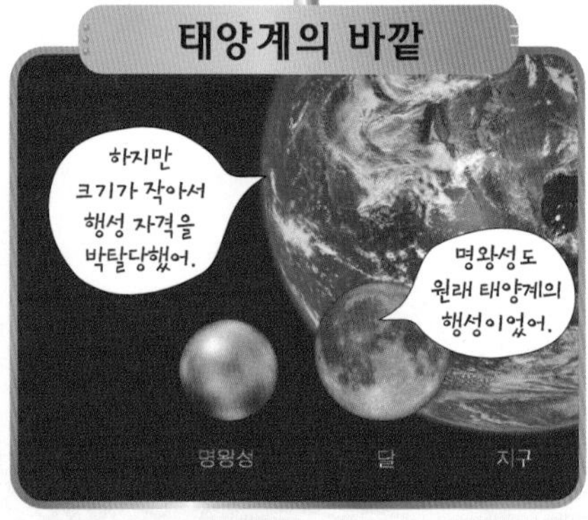

73 해왕성은 푸른빛을 띠어. 왜 그럴까?

① 지구처럼 바다가 있어서
② 대기를 푸른 기체가 감싸서
③ 태양 빛을 거의 못 받아서

74 해왕성의 고리는 두께가 굵은 부분도 있고 얇은 부분도 있어. 왜 그럴까?

① 물질들이 불규칙하게 모여서
② 해왕성에 가깝게 붙어서
③ 녹았다 얼었다 해서

75 해왕성은 16시간마다 스스로 한 바퀴씩 돌아. 해왕성의 하루는 몇 시간일까?

① 12시간 ② 16시간
③ 20시간

76 왜 명왕성은 행성이 아니란 결정이 났을까? (답은 2개)

① 크기가 너무 작아서
② 태양의 영향을 적게 받아서
③ 스스로 빛을 내서

77 해왕성은 태양에서 가장 먼 행성이야. 그럼 해왕성 뒤에는 무엇이 있을까?

① 수만 개의 소행성
② 여러 개의 혜성
③ 아무것도 없어.

78 태양계의 가장 끝엔 먼지와 얼음 덩어리로 덮인 오르트 구름이 있어. 오르트 구름에서는 무엇이 만들어질까?

① 새로운 행성 ② 새로운 별
③ 혜성

소행성

혜성

79 소행성은 뭘까?

① 태양 주위를 도는 작은 천체
② 행성 주위를 도는 작은 천체
③ 행성과 행성 사이에 있는 작은 천체

80 소행성은 어떻게 만들어졌을까?

① 별이 오그라들어서
② 행성이 만들어지고 남은 먼지와 가스가 모여서
③ 우주를 떠돌던 암석이 커져서

81 태양계에서 수천 개의 소행성이 모여 띠를 이루는 곳은 어디일까?

① 지구와 화성 사이
② 화성과 목성 사이
③ 목성과 토성 사이

82 소행성은 암석으로 이루어져 있어. 긴 꼬리가 있는 혜성은 무엇으로 이루어져 있을까?

① 흙과 암석　② 먼지와 얼음
③ 금속 덩어리

83 혜성은 태양으로 갈수록 꼬리가 길어져. 왜 그럴까?

① 태양열에 녹아서
② 속도가 빨라져서
③ 다른 먼지가 붙어서

84 핼리 혜성은 76년마다 태양 가까이 다가와. 왜 그럴까?

① 태양을 76년마다 한 바퀴 돌아서
② 76년마다 태양이 끌어당겨서
③ 76년마다 만들어져서

정답과 해설은 뒤쪽에 있어.

집중탐구 퀴즈 정답&해설

해왕성

정답 73. ② 74. ① 75. ②

해왕성은 태양계의 마지막 행성으로, 1846년에 발견되었어요. 해왕성도 천왕성과 마찬가지로 중심에 핵이 있고 그 주변을 메탄이 감싸고 있어서 푸른빛을 띠어요.
해왕성은 고리가 있지만 잘 보이지는 않아요. 고리가 암석이 많이 모여 두꺼운 부분도 있고, 암석이 적어 얇은 부분도 있어서 모양이 불규칙하기 때문이에요.
해왕성은 16시간마다 스스로 한 바퀴 돌고, 164년 9개월마다 태양 주위를 한 바퀴 돌아요.

태양계의 바깥

정답 76. ①, ② 77. ① 78. ③

명왕성은 태양계의 행성이 아니라고 판명났어요. 크기가 작고, 태양의 영향을 적게 받을 뿐만 아니라 주변에 소행성이 많기 때문이에요.
해왕성 너머의 소행성 무리는 '카이퍼 벨트' 라고 해요. 명왕성의 위성인 줄 알았던 카론도 카이퍼 벨트의 소행성 중 하나예요.
소행성이 모여 있는 카이퍼 벨트에서 다시 수십억 킬로미터 떨어진 곳에는 수많은 먼지와 얼음 알갱이가 모여 있어요. 이 곳은 '오르트 구름' 으로, 혜성이 만들어져요.

소행성

정답 79. ① 80. ② 81. ②

태양계에는 행성보다 크기가 훨씬 작은 소행성이 있어요. 소행성은 작은 암석 덩어리 상태로 태양 주위를 돌아요.

소행성들은 태양계 행성이 만들어질 때 행성처럼 크게 뭉쳐지지 못한 먼지와 얼음 알갱이가 뭉쳐서 만들어져요. 소행성은 모양과 크기가 제각각이에요. 둥근 것과 울퉁불퉁한 것, 주먹만 한 것에서 지름이 수백 킬로미터에 이르는 것도 있어요.

화성과 목성 사이에는 수많은 소행성이 모인 소행성 대가 있어요.

혜성

정답 82. ② 83. ① 84. ①

혜성은 태양 둘레를 타원형으로 돌고 있는 긴 꼬리를 가진 천체예요. 혜성은 먼지와 얼음 알갱이로 이루어져 있고, 태양계 바깥쪽의 오르트 구름에서 만들어져요.

혜성의 꼬리는 태양 쪽으로 갈수록 길어져요. 혜성의 얼음 알갱이가 태양열에 녹아 긴 꼬리를 만들기 때문이에요. 혜성의 꼬리는 항상 태양의 반대편에 생겨요.

혜성 중 가장 유명한 핼리 혜성은 태양 주위를 가늘고 긴 궤도를 그리며 76년마다 한 바퀴씩 돌아요.

180-181쪽 정답이야.

집중탐구 퀴즈

문제를 잘 읽고 맞는 것을 골라봐. 쉽지 않을걸!

유성과 운석

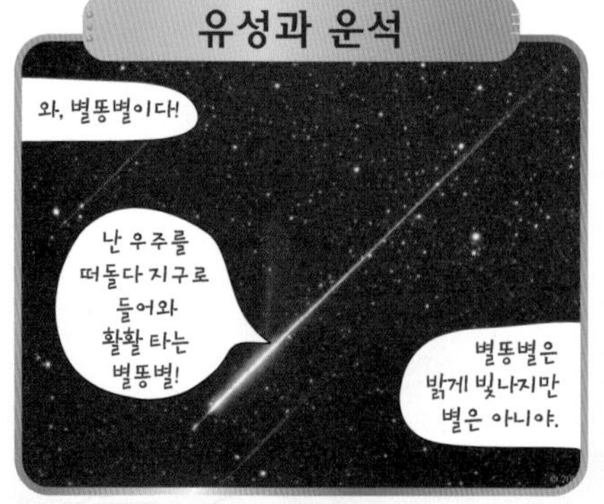

별자리

85 유성은 뭘까? (답은 2개)

① 우주를 떠돌던 작은 암석
② 소행성이나 혜성에서 떨어진 암석 조각
③ 별에서 떨어진 기체 덩어리

86 유성은 별이 아니야. 그런데 왜 밤하늘에서 반짝반짝 빛이 날까?

① 지구의 대기를 통과할 때 타서
② 태양 빛에 반사되어서
③ 태양열에 불이 붙어서

87 유성 중에 크기가 큰 건 대기에서 모두 불에 타지 못하고 지구에 떨어져. 이것을 뭐라고 할까?

① 혜성 ② 운석 ③ 유성

88 별자리는 밤하늘의 별들을 몇 개씩 이어서 이름을 붙인 거야. 별자리로 알 수 있는 것은 뭘까?

① 미래 ② 계절 ③ 운명

89 왜 북극성이 포함된 작은곰자리는 1년 내내 볼 수 있을까?

① 지구의 자전축 위에 있어서
② 지구를 따라다녀서
③ 태양 바로 옆에 있어서

90 사자자리는 봄에만 볼 수 있는 별자리야. 왜 그럴까?

① 별들이 움직여서
② 지구가 기운 채로 움직여서
③ 태양 빛이 별을 가려서

우주 개발

91 왜 다른 행성으로 우주 탐사선을 보낼까?

① 다른 행성을 연구하려고
② 다른 행성의 자원을 가져오려고
③ 다른 행성에 공장을 지으려고

92 비행기는 지구가 잡아당기는 힘 때문에 우주로 나갈 수 없어. 그럼 우주선은 어떻게 우주 밖으로 나갈까?

① 지구가 잡아당기는 힘보다 세서
② 특수한 금속으로 만들어서

93 우주 탐사선에 태양계의 지도, 남자, 여자의 그림 등을 왜 그려 넣을까?

① 나라를 표시하려고
② 외계 생명체에게 지구를 알리려고
③ 행성에 다녀간 증거를 남기려고

우주 정류장

94 우주 정류장은 왜 만들었을까? (답은 2개)

① 우주에서 사람이 살 수 있는지 알아보려고
② 지구의 날씨를 조사하려고
③ 무중력 상태에서 실험을 하려고

95 우주 정류장은 여러 명이 지낼 수 있을 정도로 커. 우주 정류장은 어떻게 만들어질까?

① 작은 우주선들을 연결해서
② 인공위성을 연결해서

96 미래에는 우주여행을 하게 될 수도 있어. 우주여행을 한다면 우주 정류장은 어떤 일을 하게 될까?

① 우주선에 연료를 넣는 주유소
② 우주선을 만드는 공장

정답과 해설은 뒤쪽에 있어.

집중탐구 퀴즈 정답 & 해설

유성과 운석

정답 85. ①, ② 86. ① 87. ②

유성은 우주를 떠돌던 작은 암석 조각이 지구 안으로 떨어지는 것이에요. 유성이 지구로 떨어질 때 지구의 대기와 부딪쳐 뜨겁게 불타 올라요. 이 때 반짝반짝 빛나서 '별똥별'이라고 불러요.

크기가 작은 유성은 대기 중에서 다 타 버리고, 크기가 큰 유성은 다 타지 못하고 땅으로 떨어져요. 이 땅으로 떨어진 유성을 '운석'이라고 해요. 운석이 떨어진 곳에는 구덩이가 파여요. 운석을 연구하면 지구 내부의 모습을 알 수 있어요.

별자리

정답 88. ② 89. ① 90. ②

별자리는 밤하늘의 별을 몇 개씩 이어서 이름을 붙인 걸 말해요. 계절마다 보이는 별자리가 달라서 달력이 없던 옛날에는 별자리를 보고 계절을 짐작했어요. 지구가 기운 채로 태양 주위를 돌기 때문에 계절에 따라 보이는 별자리가 달라요.

계절마다 보이는 별자리도 있지만, 지구의 자전축 바로 위에 있어서 1년 내내 보이는 별자리도 있어요. 우리나라에서는 북극성이 포함된 작은곰자리나 큰곰자리가 1년 내내 보여요.

우주 개발

정답 91. ① 92. ① 93. ②

과학자들은 행성으로 탐사선을 보내서 각각의 행성 표면은 무엇으로 이루어져 있는지, 온도는 얼마나 되는지 등을 알아내요. 탐사선은 지구에서 잡아당기는 힘을 벗어날 만큼 힘이 세서 우주로 날아갈 수 있어요. 한번 우주로 쏘아 올린 탐사선은 다시 지구로 돌아오지 않고 태양계 주변을 돌다 태양계 밖으로 날아가요. 탐사선 속에는 사람의 목소리, 태양계의 지도, 사람의 그림 등을 넣어요. 혹시 있을지도 모르는 외계 생명체에게 지구를 알리기 위해서예요.

우주 정류장

정답 94. ① 95. ① 96. ①

우주 정류장은 우주 승무원들이 머물면서 우주에서 일어날 수 있는 일을 실험하는 곳이에요. 예를 들어 무중력 상태에서 사람이 얼마 동안 살 수 있는지에 관한 실험을 해요. 우주 정류장은 크기가 아주 커서 모듈이라 불리는 작은 우주선을 하나하나 로켓으로 쏘아 올려 우주에서 자동으로 조립해 만들어요. 만약 미래에 우주여행이 가능해지면, 우주 정류장은 연료와 부품을 저장해 두었다가 우주선에게 주는, 휴게소 역할을 할 거예요.

184-185쪽 정답이야.

교과서 도전 퀴즈

학교 시험에는 어떻게 나올까? 도전해봐!

1 별자리 관찰 5학년

1. 주변에 불빛이 없는 곳에서 관찰한다. (○ , ×)
2. 구름이 많은 날 밤에 관찰한다. (○ , ×)
3. 달이 있는 날 밤에 관찰한다. (○ , ×)
4. 주변에 높은 빌딩이 없는 곳에서 관찰한다. (○ , ×)
5. 도시보다는 시골에서 관찰하면 더 잘 보인다. (○ , ×)
6. 큰곰자리(북두칠성)와 카시오페이아자리는 남쪽 하늘에서 항상 볼 수 있다. (○ , ×)
7. 계절에 따라 다른 별자리가 보이는 것은 지구가 하루에 한 번씩 돌기 때문이다. (○ , ×)
8. 지구가 자전을 하기 때문에 북극성 근처의 별들은 북극성을 중심으로 하루에 한 바퀴씩 돈다. (○ , ×)

190쪽 정답 4 1. ○ 2. × 3. ○ 4. × 5. ○ 6. ×

2 밤하늘의 별 관찰 5학년

1. 별똥별이 종종 떨어진다. (○, ×)
2. 별들의 밝기가 다양하다. (○, ×)
3. 별들의 색깔은 모두 노란색이다. (○, ×)

3 하룻동안의 별자리 움직임 5학년

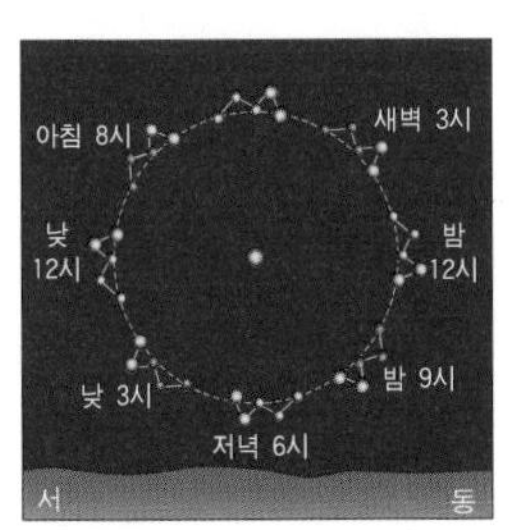

북쪽하늘에 떠있는 별자리의 하룻동안의 움직임

1. 항상 같은 자리에 있다. (○, ×)
2. 한 시간에 15도씩 움직인다. (○, ×)
3. 북극성을 중심으로 일 년에 한 번씩 돈다. (○, ×)
4. 북극성을 중심으로 시계 반대 방향으로 일정하게 움직인다. (○, ×)

191쪽 정답 5 1. ○ 2. ○ 3. × 6 1. × 2. ○ 3. × 4. ○

교과서 도전 퀴즈

학교 시험에는 어떻게 나올까? 도전해봐!

정답 188쪽

4 태양의 가족 구성원 5학년

태양 수성 금성 지구 화성 목성 토성 천왕성 해왕성

1. 태양의 가족 구성원에는 태양과 행성이 있다. (○, ×)
2. 위성의 주위를 도는 행성이 있다. (○, ×)
3. 태양의 가족 구성원과 이들이 운동하는 공간을 태양계라고 한다. (○, ×)
4. 행성은 모두 9개다. (○, ×)
5. 한때는 위의 행성들 중 명왕성도 포함되어 있었다. (○, ×)
6. 행성은 불규칙적인 모양의 타원 궤도를 그리며 돌고 있다. (○, ×)

188쪽 정답 1 1.○ 2.× 3.× 4.○ 5.○ 6.× 7.× 8.○

5 행성의 크기 5학년

행성	반지름	행성	반지름
수성	0.4	목성	11.2
금성	0.9	토성	9.4
지구	1.0	천왕성	4.0
화성	0.5	해왕성	3.9

지구의 반지름을 1로 보았을 때

1. 가장 큰 행성은 목성이다. (○ , ×)
2. 지구와 크기가 비슷한 행성은 금성이다. (○ , ×)
3. 지구보다 작은 행성은 해왕성, 천왕성, 토성, 목성이다. (○ , ×)

6 태양계 행성의 특징 5학년

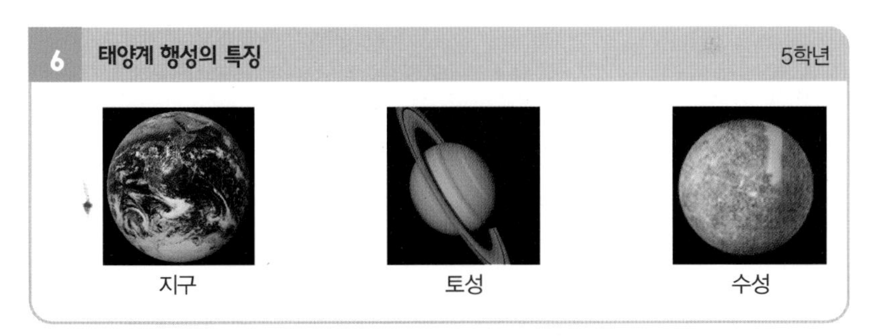

1. 수성에는 물과 공기가 있어 생물이 존재한다. (○ , ×)
2. 토성은 아름다운 여러 개의 고리와 많은 위성이 있다. (○ , ×)
3. 수성은 태양과 가장 멀고 가장 작은 행성이다. (○ , ×)
4. 지구에는 생물이 존재한다. (○ , ×)

189쪽 정답 **2** 1. ○ 2. ○ 3. × **3** 1. × 2. ○ 3. × 4. ○

마법천자문 과학 퀴즈북 5 – 지구와 우주

글 아울북 초등교육연구소
삽화 서규석

1판 1쇄 인쇄 2009년 9월 10일
1판 1쇄 발행 2009년 9월 18일

펴낸이 김영곤
펴낸곳 (주)북이십일 아울북
개발실장 이유남
기획 개발 신정숙, 김수경, 조국향, 안지선, 이장건
마케팅 김보미, 이태화, 배은하, 오하나
영업 이희영, 김태균, 정원지, 김준영
디자인 표지_최은, 본문_이선주
편집 다우

주소 경기도 파주시 교하읍 문발리 파주출판문화정보산업단지 518-3(413-756)
연락처 031-955-2708(마케팅), 031-955-2116(영업), 031-955-2157(내용문의)
홈페이지 www.keystudy.co.kr
출판등록 제10-1965호

값 8,500원
ISBN 978-89-509-1982-5
ISBN 978-89-509-1992-4(세트)